心一堂術數古籍珍本叢刊

書名：批注地理合璧附玄空真訣（二）
系列：心一堂術數古籍珍本叢刊　堪輿類　第三輯　335
作者：【清】于楷、章仲山、溫明遠原輯撰：【民國】朱紫君輯校：【民國】霜湘批注
主編、責任編輯：陳劍聰
心一堂術數古籍珍本叢刊編校小組：陳劍聰　素聞　鄒偉才　虛白盧主　丁鑫華

出版：心一堂有限公司
通訊地址：香港九龍旺角彌敦道六一〇號荷李活商業中心十八樓〇五—〇六室
深港讀者服務中心：中國深圳市羅湖區立新路六號羅湖商業大厦負一層〇〇八室
電話號碼：(852)9027-7110
網址：publish.sunyata.cc
電郵：sunyatabook@gmail.com
網店：http://book.sunyata.cc
淘寶店地址：https://sunyata.taobao.com
微店地址：https://weidian.com/s/1212826297
臉書：https://www.facebook.com/sunyatabook
讀者論壇：http://bbs.sunyata.cc/

版次：二零二一年三月初版
平裝：四冊不分售

定價：港幣　九百八十元正
　　　新台幣　三仟九百八十元正

國際書號：ISBN 978-988-8583-63-8

香港發行：香港聯合書刊物流有限公司
地址：香港新界荃灣德士古道二二〇—二四八號荃灣工業中心十六樓
電話號碼：(852)2150-2100
傳真號碼：(852)2407-3062
電郵：info@suplogistics.com.hk
網址：http://www.suplogistics.com.hk

台灣發行：秀威資訊科技股份有限公司
地址：台灣台北市內湖區瑞光路七十六巷六十五號一樓
電話號碼：+886-2-2796-3638
傳真號碼：+886-2-2796-1377
網絡書店：www.bodbooks.com.tw
台灣秀威書店讀者服務中心：
地址：台灣台北市中山區松江路二〇九號一樓
電話號碼：+886-2-2518-0207
傳真號碼：+886-2-2518-0778
網絡書店：http://www.govbooks.com.tw

中國大陸發行　零售：深圳心一堂文化傳播有限公司
深圳地址：深圳市羅湖區立新路六號羅湖商業大厦負一層〇〇八室
電話號碼：(86)0755-82224934

心一堂微店二維碼

心一堂淘寶店二維碼

天玉經內傳

上 一頁起

中 三十九頁

下 五十六頁

地理辨正錄要合璧

直解悉遵原刊

露湘續研究

己巳春朱壽朋題

地理合璧題詞

聖賢大道此為首端救濟良策修齊偉觀
兩間造化二氣旋盤潛心研究祕法聿完
此道通曉物阜民安邦家之光美哉斯刊

戊辰冬至紫寥撰句 朱壽朋書

地理合璧辨正卷之三

杜陵蔣平階大鴻補傳　無心道人增補　直解

門人武陵胡泰徵　錫山溫榮鑣明遠甫續解

會稽姜垚較正　上海朱之翰紫君甫校勘

天玉經　唐楊益筠松撰

內傳上

江東一卦從來吉八神四個一江西一卦排龍位八神四個二南北八神共一卦端的應無差

天玉內傳即靑囊奧語挨星五行玄空大卦之理

楊公妙用止有一法更無二門此乃反覆其詞以授曾公安者也江南江北江東江西曾序已先下注脚矣但南北東西應有四卦而此云三卦者緣玄空五行八卦排來止有三卦故也江東一卦者卦起于西所謂江西龍去望江東故曰江東也八神卽八卦之中經四位而起父母故曰八神四個言八神之中歷四位也一者此一卦只管一卦之事不能兼通他卦也江西一卦者卦起于東反而言之卽謂江東龍去望江西亦可故曰江西也亦

于八卦之中經四位而起父母故亦曰八神四個二者此一卦兼管二卦之事而不能全收三卦也此如坎至巽乃第四位巽至兌亦第四位八卦之中各經四卦故曰八神四個也南北八神者乃江北一卦所謂江南龍來江北望也不云四個者此卦突然自起不經位數與東西兩卦不同也八神共一卦者此卦包含三卦總該八神又非八神四個二之比也夫此東西南北三卦有一卦止得一卦之用者有一卦兼得二卦之用者有一卦盡得

三卦之用者此謂玄空大卦秘密寶藏非眞傳正
授斷不能洞悉其妙者也

俗註寅至丙爲東卦申至壬爲西卦午至坤爲南卦子至艮爲北卦非

直解 江東一卦即後天之震卦江西一卦即洛書之兌位既論元運震有震之吉時兌有兌之旺運今先將震之吉時而論震爲三天元之末運可知待震卦當令坎坤都已過時矣即得不爲我吉巽又屬一元故曰四個一此一卦只得

一卦之用不能兼通他卦故也然非卦之不能時之不能也再論兌卦兌為七下元之首運可知既屬首該包三卦即以七數至九亦該得三吉曰二者何也惟玄空心法中只得艮兌不得離九故曰四個二此一卦只得兼通二卦之用不能全收三卦故也此非時之不能天卦之不能也八神者即坎坤震巽離艮兌乾也共一卦者即共此一卦而為九也能用此一卦所建之處即能全收三卦總該八神又非八神四個二

三般數

三卷附表論三元數

三元運	初運	中運	末運	
上元	一	二	三	天元
中元	四	五	六	人元
下元	七	八	九	地元

三般卦即三卦

辰戌丑未 甲庚壬丙 地元子息之神

子午卯酉 乾坤艮巽 天元父母卦為中氣

乙辛丁癸 寅申巳亥 人元子息之神

之所可比也。讀者先將九宮八卦分清孰往孰來。誰消誰長再憑掌上尋得一卦二卦三卦之法。知起於東。起於西。青囊之奧得矣。

溫氏續解 此章二十四山之卦爻。分爲三卦與洛書流行之九數。亦分三卦。而卦之與數配合爲用也。江東一卦起於西。論卦即爲兌說數即地元之七。經四位。自七至四。自四至一。逆行其數。水法用逆。故曰從來吉也。七四一之數。即爲江東卦也。八神即八卦。四個一即地元卦內之甲庚壬丙與辰戌丑未之四個一也此一卦只得一卦之用者甲之兼寅出卦兼卯陰陽不一星辰不能一氣所以不能兼通他卦也江西一卦起於東論卦卽爲震說數卽天元之三經四位自三至六自六至九順行其數山法用順故曰排龍位也三六九之數卽爲江西卦也八神亦卽八卦四個二卽天人兩卦內之子癸午丁卯乙酉辛艮寅巽巳坤申乾亥之四個二也此一卦可兼通二卦之用乃陰陽同一氣也南

北八神共一卦者。坎坤震巽離艮兌乾之八卦。共一中五。爲立極入用之處由中五順數四位至八。逆數四位至二。而二、五、八、爲南北卦也。經四位而起父母之法。讀者閱至章解。未免與蔣傳互巽。不知其理者。謂蔣傳與章解各說一詞。知其奧者。道同一貫。蔣傳發其義。章解宣其秘。一部辨正。惟此節。最爲難解。解難明。再以章解明白宣泄。庶幾蔣傳章解。詞意雖巽。而理法則一也。江東卦。爲後天之震。震爲三。乃天元之末運。

坎坤已過不能兼收其旺巽卦爲四乃人元之首運與天元無涉所以進而不能兼他元之巽退而不能兼過時之坤坎此卦只得震之一卦爲用不能兼通他卦也此非卦之不能而時之不能者其中有祕訣存焉姑先發明之三運之用卯向三入中挨至向上是坎一坎之中爻是子屬陰以一入中逆行九宮至震卦仍爲三豈非震仍爲震三仍爲三玄空流行之卦與數同屬一氣前後不能相兼所以此一卦只得一卦

之用。不能兼通他卦也。四個一者。章解之坎坤過時。巽又屬一元。坎坤震巽四個卦中。只有震之一卦可用。故曰四個一也。此所以非卦之不能。而時之不能兼也。江西卦者。洛書之兌位。兌爲七。下元之首運。應可兼用七八九三卦爲旺。所謂玄空心法中。只得艮兌。不得離九者。以七運之用酉向。七入中。挨至向上是離九。離之中爻是午。亦屬陰。以九入中。逆行艮八至乾。兌七仍至兌。離九已入中化極。而八方只有艮兌之氣可收其旺。豈非只得艮兌。不得離九也。四個二者。退而不能兼中元過去之六。同元之離已化極。所以只得艮兌兩卦。可兼通故也。乾兌艮離四個卦中。只有艮兌兩卦可用。故曰四個二也。此所以非時之不能。而天卦之不能兼也。南北八神共一卦者。明明共一中五而爲九也。二十四山陰陽交媾。悉由中五立極之處。錯綜變化。所以能全收三卦。爲大父母也。蔣傳以二十四山經四位之卦爻。分配上中下三元。章解以玄空流行之九數。分清上中下三元之作用也。

三般卦起父母之用法。細義詳後東西父母篇中。

二十四龍管三卦。莫與時師話。忽然知得便通仙。代代鼓駢闐。

二十四龍本是八卦。而八卦又分為三卦。此玄空之秘。必須口傳。若俗注丙本南離而反屬東卦。壬本北坎而反屬西卦。牽強支離。悖理之極。且云四個一者。寅辰丙乙四個在一龍。四個二者。申戌壬辛四個在二龍。又屬無謂。

直解 二十四山本是八卦。此云三卦者何也。法將九宮分配三元。一元分得三卦。即一二三。四五六。七八九也。然法雖如此。用要變通。不可執一。三四五。五六七。八九一。亦爲三卦。總要與葬時之一卦。合而生。即爲吉。退而衰。即爲凶。經云將來者進。成功者退。即此謂也。三卦即三般卦之三卦。此卦周流六虛。無所不至。此陰彼陽。無時不易。即八卦二十四龍。陰陽顚倒。變化錯縱

都由此而起故曰管也

溫氏續解　二十四龍管三卦者以二十四山之卦爻分爲三卦可配三元之數也子午卯酉與乾坤艮巽四陰四陽配一卦爲天元寅申巳亥與乙辛丁癸四陰四陽配一卦爲人元丑未辰戌與甲庚壬丙四陰四陽配一卦爲地元此即二十四龍管三卦也以數分配三卦者一爲天元四爲人元七爲地元一四七爲三元首運二五八爲三元中運三六九爲三元末運卦數

相配然後可以玄空作用也三四五五六七八九一亦爲三卦者乃上元將盡須接中元之氣中元將盡須接下元之氣下元將盡須仍接上元之氣循環不息補救乘旺不使衰脫數雖連屬仍寓經四位之法故云用要變通天元取輔人地兼貪亦此意也

天卦江東掌上尋知了值千金地畫八卦誰能會山與水相對

天地東西南北皆對待之名所謂陰陽交媾玄空

大卦之妙用也此節方將山與水相對一言略指一班泄漏春光矣非分天卦于江東分山水相對于地卦也若以辭害志分別支離卽同癡人說夢矣

俗注天卦地支從天干以向論水神旺墓地卦天干從地支以龍論山水生死可笑

直解 天卦卽玄空江東卽玄空中之生旺山與水相對者水上之星卽山上之星山上之星卽生旺之星將此生旺之星輪到城門或山上此爲山與水相對非必拘定要水與山相對只要

水上之星與時相對耳○天卦地卦非天父地母之俗說切莫誤認天卦即無形之氣運行于上萬物生生之始也江東者無形氣中之生旺也三元各有生旺故云江東江西此氣無形可見無跡可尋全憑往來消長之中細辨某爲江東某爲江西在江東時用江東爲令星在江西時用江西爲令星隨時取用之法曉然明白再查有形有跡之八方何方來水何方去水何方來龍何方入首何方高何方低何方水口三叉

有形無形相交會于其間。再查山上神龍。水裡龍神。雌雄相對與否。此相對。非坎龍必須離水之相對。兌龍必須震水之相對。所謂相對者。山上水裏。與時相對也。

溫氏續解　天卦即玄空流行之氣。無形可見者也。掌上尋者。掌上起星辰也。依運流行。將所用流行對待之山向。交媾於中五。然後玄空運行。八方變化。何方旺。何方衰。水裡排龍。要旺星放在水。山上排龍。旺星放在山。此所謂山與水相對。亦所謂與時相對。時即天運也。水裡排龍。奧語篇中。有向放水。並但把向中放水看之文。明明指示水要從向中玄空流行排出之星辰爲旺衰也。山上排龍。要從坐山排出之星辰爲旺衰耳。

父母陰陽仔細尋。前後相兼定。前後相兼兩路看分定兩邊安。

卦有卦之父母。爻有爻之父母。皆陰陽交媾之妙理。此節前後。指卦爻而言。一卦之中爲父母。卦前

卦後偏旁兩路即爲子息若不仔細審察恐于父母之胎元不眞而陰陽有差錯矣

俗注以前兼後爲天卦屬向首後兼前爲地卦屬龍家爲兩邊者非

直解 父母是隨氣建極之父母陰陽是隨時變易之陰陽此陰陽名有定名位無定位須從顚倒變易之中細細辨其陰陽分其順逆故曰尋也前後是言山上水裡之前後山上水裡各有用法故曰兩邊安也兩邊兩路總言山上水裏來往各得其用耳

溫氏續解　父母雖指卦之中氣。左右兩爻。即是前後。又謂子息。要兩路看者。譬如子山。子即父母。壬癸爲前後。然子兼壬。則陰陽不一。兼癸。則陰陽一氣。若陰陽不一。則吉凶亦異。所以前後相兼要兩路看也。能明分定之理。則兼左兼右。可兩邊安矣。此雖說卦爻而言。然其實要從中五天運立極之星。即爲隨氣建極之父母。玄空流行於應用山向得何星辰。再辨陰陽交媾順逆流行。即爲隨時變易之陰陽。山上水裡。各有用法。故曰兩邊安也。

卦內八卦不出位。代代人尊貴。向水流歸一路行。到處有聲名。龍行出卦無官貴。不用勞心力。只把天醫福德裝。未解見榮光。

八卦之內有三卦。在三卦之內。則爲不出卦而吉。三卦之外。卽爲出卦而凶。向。須卦內之向。水。須卦內。之。水。二者皆歸本卦。則全美矣。天醫卽巨門。福德卽武曲。此乃一行所造小遊年卦例。以涵挨星之眞者也。蓋謂世人誤認卦例爲九星五行。必不能獲福也。

【直解】山。得。山。之。卦。內。水。得。水。之。卦。內。向。得。向。之。卦。內。此。謂。不。出。位。中。二。句。甚。言。不。出。卦。之。妙。如行龍先見錯雜。水神又流出卦。來龍來水。先帶駁雜用。法又兼巨武之差錯。內外都出。是爲眞出。

【溫氏續解】不出位。卽不出三卦之內。三卦者即前章所註之三卦也。此三卦爻有三卦數有三卦。要兼相配合而用。配合既定。再要收上元一二三中元四五六下元七八九之山水分用之法知此一訣即能山與水與向均得卦內之妙若出三卦即有差錯駁襍之病矣切勿誤認遊年卦例爲眞法也

倒排父母蔭龍位山向同流水十二陰陽一路排總是卦中來

倒排父母即顛倒顛之義陰陽交媾皆倒排之法山向與水神必倒排以定陰陽十二陰陽即備二十四山之理言雖有二十四位陰陽總不脫八卦

注意玄空挨排之法。遇陰逆之數入中。向水山。將挨之令星皆到。謂之倒排父母蔭龍位。

為父母也、

直解 倒排、即顛倒、山向、水神、必須顛倒以定陰陽、二十四山、或順或逆、總自顛倒中來也、

溫氏續解 倒排即顛倒、明而言之、即逆行其數也、凡玄空挨排之法、遇陰逆之數入中流行、二十四山之向與水與山、令星皆到可收其旺、所以謂倒排父母蔭龍位、山向同流水一體矣、二十四位之陰陽、即十二陰十二陽也、父母即八卦九星也、

關天關地定雌雄。富貴此中逢。翻天倒地對不同。秘密在玄空。

雌雄交媾之所。乃天地之關竅。知其關竅而后交媾可定也。江南龍來江北望。江西龍去望江東。此為翻天倒地。已詳奧語注中。

俗注以辰戌丑未為關天關地非

直解　關即察也。看也。關天者。察天運行消長之氣也。關地者。看地之是地非地。干支顛倒之雌雄也。天地形氣既定。再分雌雄。再定順逆。再憑掌上排其吉凶取其合時合運者用之失時失令者去之此挨星之妙秘密深藏全在玄空上着眼不在形跡上尋也故曰對不同在玄空天地二字指干支而言關即關空中變易之干支知空中變易之干支即知定雌雄分順逆之奧矣翻倒是言陰可作陽陽可作陰陰不是陰陽不是陽之翻倒也

溫氏續解 天地即天干地支雌雄即天干地支之陰陽要看所立山向上玄空排到之干支

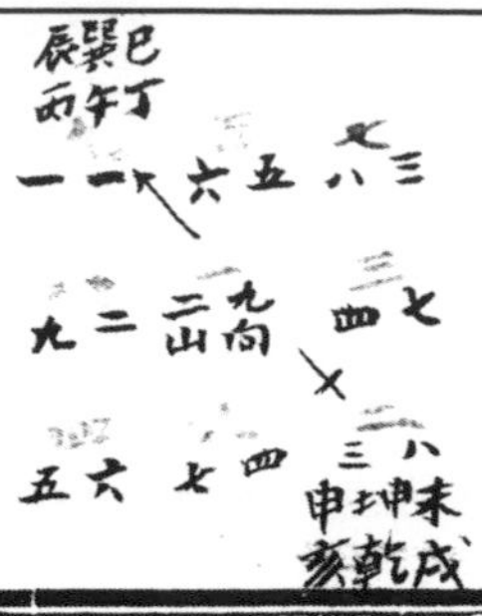

陰陽對待入中交媾分佈之氣乘旺得令與地體之山水合法富貴即在此中逢也所以云關者此也翻天倒地即翻天干倒於地支之上若非由中五玄空上挨排何能將天干翻於地支之上哉如一運之巽向一入中順排到巽上是午地支翻在天干上矣辰向排到辰上是丙天干翻於地支上矣豈非翻天倒地祕密在玄空乎

三陽水向盡源流富貴永無休三陽六秀二神當立

見入朝堂

三陽者丙午丁也天玉靑囊旣重挨星生旺矣而此節提出三陽別有深意非筆舌所能道六秀者本卦之二爻故曰二神天玉以卦之父母爲三吉以卦之子息爲六秀

俗注艮丙巽辛兌丁爲六秀非

直解 三陽水向是活潑潑地一處有一處之三陽一時有一時之三陽此處可作三陽彼處亦可作三陽此時有三陽彼時亦有三陽三陽二

字。隨氣變遷。不可執一。注中獨提丙午丁三字。不過以此爲例耳。

溫氏續解 丙午丁並非三陽。乃離之一卦。苟能水之曲折。有三節不襍坤卦之未。巽卦之巳。玄空之氣。合時乘旺。豈不可喻三陽。而富貴無休。立見入朝堂也。一處有一處之三陽。庚酉辛壬子癸亦可云三陽。一時有一時之三陽。玄空之氣。山向流水總要得時得令。所以獨提丙午丁三字。以此爲例耳。

水到御街官便至。神童狀元出。印綬若然居水口。御街近台輔。孳孳鼓角隨流水。艷艷紅旆貴。

鼓角紅旆皆以形象言

俗注乾坤艮巽爲御街長生前一位爲鼓角後二位爲紅旆非

直解 御街、指來水。印綬、言羅星。鼓角紅旆。皆是砂之美名。此節皆以象取類應之耳。俗注、論方位非。

溫氏續解 御街水。亦即之玄曲折水法之至美者也。再加羅星鎮塞水口。氣聚於內左右之砂。宛有旗鼓相當之勢。豈非出神童狀元大格之地哉。乾坤艮巽號御街。三陽水向盡源流。巽名同實也。

上按三才并六建。排定陰陽算。下按玉輦捍門流。龍去要回頭。

三才、即三吉。六建、即六秀。此節上二句論方位。故須排定陰陽。下二句論形勢。玉輦捍門皆指去水。須纏身兜抱。謂之曰回頭也。

俗注以長生諸位爲六建及玉輦捍門俱就方位言者非

【直解】六建。三才。言來山來水。干支卦位之吉凶。陰陽算者。卽算山上水裏得失之屬也。玉輦捍門。皆指去水。回頭者。去而復回。有戀戀不舍之情狀也。

【溫氏續解】三才。卽一元三吉。上元一二三。中元四五六。下元七八九也。六秀。卽三吉卦偏旁兩爻之子息。如上元坎坤震三方水來所立之向。玄空流行之氣。可以收得此三方生旺之星。卽爲三吉。如所立之向。玄空排來坎坤震方。不得生旺之氣。卽不可謂之三吉。六秀。坎坤震三卦之爻神。壬癸未申甲乙也。玉輦捍門。水之形體。排定陰陽。算準山上水裡與時俱合。體用皆吉。所以美其名曰三才六建也。龍去囘頭者。水已流去。再復向穴拱抱。如子戀母。不可認之以漏道也。

六建分明號六龍。名姓達天聰。正山正向流支上。寡夭遭刑杖。

下二句。緊接上二句而言。水之取六建是矣。然卦之山向。在四隅卦中。則用本卦支神之六建。在四正卦中。又當用本卦干神之六建。若卦取正山正向。而水又流他卦之支上。是陰差陽錯。而必有寡天刑杖之憂矣。舉四正卦。而四隅卦不辨自明矣。此節以下。專辨干支零正。陰陽純雜。毫釐千里之微。

直解 水法中、有天建、地建、人建、馬建、祿建、財建、此六建・乃上好格局・然恐水多則易犯差錯。故特辨之。假如四正卦上有水。當用本卦干神爲六建。如壬子癸一卦。壬癸爲建。子爲才。又爲吉。或兼丑。或兼亥。則有寡夭刑杖之憂。知此則四隅之卦可以類推矣。

前後五節總是辨方位定吉凶之法、六建三才二神三吉、丙午巳丙、指方位干支而言、究其所以然必須體用兼到爲要也。

溫氏續解　此節緊按上文而言・若水從壬癸未申甲乙之六爻上屈曲之玄而來。不襍他卦之邊爻。玄空五行又得生旺之氣。即爲之六建分明。倘壬癸未申甲乙六處之中。有一處之水。斜飛反跳。尖射無情。卽非六建矣。六建卽六秀。既非三吉。又非六秀。水法必有錯雜流出他卦。玄空五行山上水裡之氣。又值駁雜衰敗。定有寡夭刑杖之禍也。他元倣此。

共路兩神爲夫婦。認取眞神路。仙人秘密定陰陽。便是眞龍岡。

共路兩神卽一干一支也。一干一支。皆可爲夫婦。然有眞夫婦。有假夫婦。眞夫婦爲正龍。假夫婦卽非正龍矣。如巽巳爲眞夫婦。丙午亦眞夫婦。若巳丙則不得爲眞夫婦矣。其他倣此。

【直解】兩神、即一干一支。壬子亥壬眞假之屬也。認取、指來山來水。兼坐向而言也。看准來山來水干支夫婦、再辨其孰陰孰陽。是眞是假、便是分陰陽定五行之綱領。故名之曰眞神路。

【溫氏續解】此夫婦。亦云不出卦之意。如巽巳爲眞夫婦。丙午亦爲眞夫婦。而巳丙不得爲眞夫婦者。巳丙係出卦也。然巽巳爲眞夫婦乃陰陽一氣丙午雖屬一卦。陰陽之氣不一。玄空消長之氣雖屬有間。似尙相近。若巳與丙乃巽離屬兩卦。爲之出卦。玄空排出陰陽父母之氣不一。吉凶旺衰亦霄壤矣。所以來山。來水。坐山朝向。排出玄空之五行。認明旺衰。卽得眞神路矣。

陰陽二字看零正。坐向須知病。若遇正神正位裝。撥水入零堂。零堂正向須知好。認取來山腦。水上排龍點位裝。積粟萬餘倉。

青囊天玉蓋以卦內生旺之位爲正神。以出卦衰敗之位爲零神。故陰陽交媾。全在零正二字。零正不明。生旺必有病矣。若知其故。而以正神裝在向上爲生入。而以零神裝在水上爲尅入。則零堂正向。豈不兼收其妙乎。向水既妙。而來山之腦。未必與坐向相合。又當認取。果來山又與坐向同在卦內。則來脈又合。非但一向之旺氣而已。惟水亦然。蓋山有來山之腦。水亦有來水之源。水龍即是山龍。亦須節節排去。點位裝成。果能步步零神。則水之來脉。與水之入口同一氣。山之坐向。與山之來

脉同一氣斯零正二途別無間雜而爲大地無疑矣

【直解】零正即陰陽消長之道陽長卽零轉而爲正陽消則正轉而爲零消長不一陰陽無定茍能考究消長之精微方曉坐山朝向之病不病矣坐向謂坐之得則坐向之得則向重在得與弗得不重坐與向也

【溫氏續解】零正即陰陽正神卽當元之旺神零神卽衰星如上元一運以一爲正神九爲零

神。二運。以二爲正神。八爲零神。下元之九爲正神。一爲零神。八爲正神。二爲零神。以陰陽對待爲零正耳。餘運倣此。坐向須知。病者。山上排龍。要旺星到實地高山。即爲之正神正位裝也。向上排龍。要旺星到水裡低處。即爲之撥水入零堂矣。認取來山之主腦者。以明零正二途高低旺衰。山水各得。豈非富有積粟。而甚言萬餘倉之鉅富也。

正神百步始成龍。水短便遭凶。零神不問長和短。吉凶不同斷。

此承上文而言。正神正位裝向固吉矣。然其向中來氣。須深遠悠長而后成龍。若然短淺則氣不聚。難以致福。至于水則不然。一遇正神。雖一節二節。其殺立應矣。其零神之長短。又與正神有異。使零神而在水。雖短亦吉。若零神而在向。雖短亦凶。是零神之吉凶。在水向之分。而不係乎長短也。

直解 正神言山上排龍。零神言水上排龍。山上排龍排得正神所到之方。宜來龍來脉實地高山俱吉有水則凶。所謂百步者。甚言其最近也。水上排龍。排得旺神所臨之地。得水便吉。無論遠與近也。此亦平洋裁穴定向之要訣也。○山上之零神。即水裏之正神。水裏之零神。即山上之正神。上元之正神。即下元之零神。下元之正神。即上元之零神。零正無定。隨時運行而升降者也。

溫氏續解 正神。是指山上排龍。如一運之子山。得六為乾。屬陽。順排七至乾方。八至兌方。九

至艮方七八九爲上元之衰氣此方宜低宜水
不宜高山實地子山必定午向得五屬陰逆排
到向上得一有水即吉水亦要曲動不直爲之
水來當面須深遠悠長而後成龍餘方得二三
爲之同元一氣若向中所排一二三之旺星到
實地高山即謂之水裡龍神上山不吉所以山
上排龍排到本元之旺星爲之正神是方要來
龍來脉實地高山水裏排龍由向排到本元之
旺星爲之零神是方要低窪有水而零正無差

也百步言其緊切最近零正即旺衰所以上元之正神即下元之零神耳

父母排來到子息須去認生尅水上排龍照位分兄弟更子孫

亦承上排龍而言卦之中氣爲父母卦之二爻爲子息而本宮他卦之父母爲兄弟上二句言山上排龍下二句言水上排龍山上排龍從父母排到子息總是一卦則卦氣純矣然須認其卦之生尅若得卦之生氣則純乎吉若得卦之尅氣則純乎

凶矣。豈可以其卦之純一。而遂謂吉哉。山上排龍。來脈一路。大都只在一卦之內。至于水上排龍則不然。水有一路來者。亦有兩三路來者。故須照位分開。而不能拘一卦之父母。只要旁來之水。亦在父母一氣之卦。謂之兄弟。兄弟卦內。又有子孫。雖非一父母。而總是一家骨肉。來路雖多。不害其爲吉也。凶者反是。

【直解】上二句。言山上排龍。下二句。言水上排龍。山上排龍。以山爲龍者也。穴後有主山。即以主山爲父母無主山以入首束氣處爲父母其餘博換傳變高低起伏開帳結頂之處卽爲子息此子息是形象之子息非挨排之子息挨排之子息蓋以主山入首處挨着五行爲父母開帳起祖之處挨着五行爲子息此處五行總要有益於主山入首者爲生與主山相剋相反者卽爲尅非是主山火曜不取艮金祖帶廉貞無用曲水之呆法也水上排龍以水爲龍者也水有一處來者有兩三處來者有四五處來者總以

照穴有情有力處爲主。衆水排龍之法。排着同元一氣者。爲兄弟。挨得五吉三星者。亦爲兄弟。兄弟之左右兩爻。便爲子息。非子父財官之子息也。

溫氏續解

山龍之來脈。只有一路主山入首處爲父母。八方之星辰爲子息。此山龍體之父母子息也。水龍之來脈。水有數處來者。以照穴有情權力獨勝之處爲父母。八方之枝浜小水爲子息。此水龍體之父母子息也。而用之父母子息者。如一運以坎爲旺。坤震卽是同元一氣爲兄弟。坎之中爻子爲父母。邊爻壬癸爲子息。坤震卦內之邊爻爲兄弟之子息。來山來水。亦要與父母陰陽一氣。純而不襍。如子午兼癸丁之向。坤震卦內要收申乙子息之爻神。不可襍未甲地元子息之氣也。水之來路雖多。總要歸一元三吉之氣。三吉之中。又要分清天地人三卦之純一不雜。若一雜出元卦內之山水。非惟挨排之玄空五行不能生。而且受克無疑矣。此云父母子息者。非定位坎坤震之一元三吉。仍要玄空流行排出之父母子息也。故須照位分開。水有兩三路來。而不能拘一卦之父母純一。而即謂吉也。

二十四山分兩路。認取五行主。龍中交戰水中裝。便是正龍傷。前面若無凶交破。莫斷爲凶禍。凶星看在何公頭。仔細認蹤由。

此一節。專舉卦之差錯者而言。兩路者。陰陽生死也。二十四山。每山皆有兩路。非分開二十四山歸兩路也。兩路之中。須認取五行之所主。五行所主貴在清純。若龍中所受之氣。既不清純。而吉凶交戰矣。倘能以水之清純者救之。庶龍氣遇水制伏。而交戰之凶威可殺。柰何又將龍中交戰之卦。裝入水中。則生氣之雜出者。不能爲福。而死氣之雜出者。適足爲禍。正龍有不受其傷者乎。然水之差錯。其力足以相勝。吉多者吉勝凶。凶多者凶勝吉。入口雖然交戰。而來水源頭。若無凶星變破。則氣猶兩平。雖不致福。亦未可遽斷爲凶禍。且凶星之應。亦有公位之分。吉凶雙到之局。只看某房受著。便于此房斷其有禍。不受著者。亦不應也。非如純凶不雜之水。房房受其殃禍之比。故其終尤當仔細認云。

直解 五行主者。山水清純一卦之主也。如來龍出卦。與左鄰右舍相雜。此謂龍中交戰。水神又流出卦。與他卦干支混淆。此謂水中交戰。挨星又一得一失。裝在水中。此謂空中交戰。山與水俱屬吉凶交戰。用又半吉半凶。如是正龍有不受其傷者乎。前面言水。水上挨星。若無凶星交戰。未可遽言其凶。末二句。與公位若來之意同耳。

溫氏續解　二十四山。豈有兩路。以玄空之一山一向。順逆挨排。豈非有兩路乎。認取五行主者。要認所用之來山來水一卦清淨。玄空挨排之九星五行。無夾襍旺衰之氣。若來山來水夾襍兩卦旺衰之氣。五行又屬金木交戰。即來龍已屬差錯。豈非吉凶不一。而正龍已傷。若再形體有凶山惡水之情狀。凶禍可必矣。若形勢無凶。破玄空五行。雖有金木交戰。兩卦旺衰夾雜之氣。尚不能興妖發禍。所以不可遽斷爲凶也。如玄空交戰駁雜之氣。流行於交破之方。其凶即值公位之何房。公位云何。乾爲老父。震即長。坎即中。艮即次。坤爲老母。巽爲長。離爲中。兌爲次。此卦之分公位也。數之公位。以一爲長。四爲中。七爲次。二三爲長之中次。五六爲中之中次。八九爲次之中次。以三卦之分公位。乾坤艮巽子午卯酉爲長寅申巳亥乙辛丁癸爲中辰戌丑未甲庚壬丙爲次一四七爲長二五八爲中三六九爲次貴操術者之隨地取裁隨時變通無不驗也卦與數形與氣從玄空會合而公位之吉凶始定矣

先定來山後定向聯珠不相放須知細覓五行蹤富貴結全龍

此節單就山上龍神而言青囊天玉原以來山所受之氣與向上所受之氣分爲兩局然兩局又非

截然兩路。故云聯珠不相放。此不可約略求之者也。須當細覔蹤跡。若是富貴悠久之地。必然來山是此卦。而向首亦是此卦。一氣清純。方得謂之全龍耳。

直解 先定來山者。先將山上星辰。用得合法。山管人丁。故以山爲先也。後定向者。向首一星。禍福之柄。水主財祿。故以向爲後也。山向雖有先後之分。其用則一。故云不相放。細覓五行踪者。要在翻天倒地中細覔也。全龍者。向首是此一

卦來山亦是此一卦氣質清純陰陽相配此謂之全龍也

溫氏續解 先定來山者排坐山之星辰也後定向者排向首之星辰也如一運之子午向坐山之星得六向首之星得五五六卽爲陰陽對待入中交媾先以坐山之六玄空排出山上得何星辰山主人丁所以要先定來山也後以向首之五玄空排出向上得何星辰水主財祿所以後定向也結全龍者坐山向首所排之氣各

乘生旺爲全龍也。

五行若然翻値向百年子孫旺。陰陽配合亦同論。富貴此中尋。

此節亦上二句言山上龍神。下二句言水裏龍神五行翻値向者。五行之旺氣値向也。翻卽翻天倒地之翻。言生旺氣。翻從向上生入也。山管人丁。故云百年子孫旺。而富貴亦在其中矣。陰陽配合水來配合也。亦與向上之氣同論。但用法有殊耳。水管財祿。故云富貴此中尋。而子孫亦在其中矣。

【直解】翻卽翻天倒地之翻五行値向者天元九氣之旺星翻値向也陰陽配合者陽水陰山雌雄配合元竅相通也翻倒雖有山水之分其用則一故曰亦同論此卽山水陰陽顚倒顚倒之意

【溫氏續解】以天運入中流行於應用山向之上再以山向上之所得星辰屬何陰陽交媾於中五順逆挨排翻天干倒於地支之位玄空排到向上得當元之旺星故曰翻値向也如一運坎爲旺立午向玄空所乘之氣午上仍是坎豈

非坎一之旺氣。翻從向上生入。子孫之盛百年可必。再加陽水陰山之配合。子孫之富貴在此中尋乎。

東西父母三般卦。算值千金價。二十四路出高官。緋紫入長安。父母不是未爲好。無官只豪富。

此節發明用卦之理。重卦體而輕爻。重父母而輕子息。蓋同一生旺而力量懸殊也。言東西而南北在其中矣。青囊天玉之秘。只有三般卦訣。若二十四路不出三般之內。則貴顯何疑。然卦內。又當問其是卦之父母否。高官緋紫。必是父母之氣。源大流長。所以貴耳。若非父母。而但乘爻神子息之旺。則得氣淺薄。僅可豪富而已。

直解 此陰彼陽。此東彼西。名無定名。位無定位。陰陽顛倒。變化錯縱。方是眞元。空眞陰陽。眞五行。眞血脉。眞龍神。若拘呆法。硬派某干屬陽。某干屬陰。某山旺某元。某水旺某運者。眞譫何曾夢見耶。○東西即顛倒。父母即陰陽。三般即顛倒顛。元空起父母之三般。此三般總由日月往來運行遷謝父母陰陽隨時而在者也○體與用各有陰陽父母用有隨機建極之父母隨時變易之陰陽體有重卦輕爻重父母而輕子息之趨避楊公恐人誤會故又翻覆詳辨之耳

溫氏續解

玄空大卦五行其秘只有此三般卦訣而其入用之法雖在首章江東一卦篇中已經詳註其中細義究未明晰特再宣泄畢露其奧學者不可因得訣太易忽於精求仍蹈誤人自誤也三般卦者即二十四山卦爻之父母

子息。分爲天地人三元之三卦。各得其八爻也
數之三般者。即洛書之一四七。二五八。三六九。
流行之九氣。分爲天地人三元之三般也。卦爲
數之體。數爲卦之用。如時在上元一運。穴立子
午兼癸丁。天元兼人元卦之向。而照穴有情之
水。在丑戌星成體之山。在戌。而丑戌兩爻均在
地卦之內。若起地元之父母。又須以七爲父母
矣。以七入中。排到向首是二。屬坤卦地元之爻
神是未。屬陰逆行至丑上是八。爲上元水裏之

衰氣。是方有水。即爲出元出卦。水主財祿。定必退財。仍以七之父母入中。排到山上是三屬震卦。地元之爻順是甲屬陽。順行至戌上是四。亦爲上元山上之衰星。是方有山。亦爲出元出卦。山主人丁。定必傷丁。再兼玄空五行之氣。相克有形之質。其凶立見。若照穴有情之水。在戌成星成體之山。在甲。山水雖屬出卦。而玄空所挨之星。當元乘旺。又屬同元一氣。即爲之地卦出而天卦不出。反凶爲吉也。若穴立地元兼人元卦之山向。照穴有情之水。成星成體之山均在天元卦內。又須以一爲父母挨排矣。若穴立天元兼地元之山向。照穴有情之水。成星成體之山。均在人元卦內。又須以四爲父母挨排矣。如交二運以二爲天元。五爲人元。八爲地元。如交三運。以三爲天元。六爲人元。九爲地元。天地人者。上中下三元也。此卽經四位起父母山水分用。三般卦之秘訣也。若卦之中氣。數之首元。爲父。母之氣。元大力厚。所以能貫耳。若卦之邊爻。

數之中次。爲人地子息之旺。受氣淺薄。僅可豪富而已。所以天元可統人地。父母可兼子息。若用邊爻相兼出卦之山向。又須以兩卦所屬父母之氣。元空挨排。以定山水之旺衰耳。知此三般細義。卦數作用之法。一部辨正。洞若觀火。絲絲入扣矣。下文四節之三般。名異實同也。其樞在中五與艮坤兩卦之內。冬至一陽生於艮卦之丑。夏至一陰生於坤卦之未。天地四時之眞陰眞陽。含於艮坤土氣之中。爲領袖金木水火四行之化。環繞中五。爲太極陰陽犬牙之相錯。一四七二五八三六九之顛倒錯縱。總在艮坤之內。所以陰陽交媾。對待相射之氣。必藉中五之大土。可以升降變化。土貫四行。天根月窟。乃中五與艮坤也。

父母排來看左右。向首分休咎。雙山雙向水零神。富貴永無貧。若遇正神須敗絕。五行當分別。隔向一神仲子當。千萬細推詳。

亦承上文用卦排須父母而言。父母排來。要排來山之龍脉也來出屈曲必不能盡屬父母兼看左右兩爻子息若何若子息清純不雜又須向首所受之氣逢生旺則休遇衰敗則咎若雙山雙向卦氣錯雜須得水之外氣悉屬零神尅入相助則雙山雙向爲水神所制伏而富貴可期矣萬一水路又屬正神則生出尅出兩路皆空而敗絕不能免矣公位之說乃因洛書八卦震兌坎離而定孟仲季三子之位隔向一神猶在離卦之內故云仲子天玉略露一斑以爲分房取驗之矩矱言仲而孟季

可以類推矣

直解 山向乃穴之主腦吉凶萬端從此而出順逆陰陽從此而分如用雙山五行之山雙山五行之向卦氣已屬兩家左右順逆仍屬一氣者無礙水用零神毫無夾雜亦能發福倘所坐所向之方界乎半陰半陽之地水神又在不零不正之間如是欲謂之左非左謂之右非右謂之正非正謂之零非零矣山向水神生出剋出敗絕必不能免矣夫雙山雙向卦氣既屬不一則

九星從何氣而分其陰陽。從何卦而別其順逆
乎。當分別者。謂當分坐山得何五行。向首得何
五行。知坐山向首之五行。則某山吉。某山凶。某
水合。某水不合。不辨而自明矣。所云隔向一神
者。帝釋是也。○俗術分房之說。都以左爲長右
爲季。面前爲仲。註云隔向一神。猶在離宮之內。
蓋指一時一氣一宮一向而言也。若時運變遷。
斗轉星移。則隔向一神。亦隨之而變易矣。隔向
一神。既隨之而變易。則孟仲亦隨之而更換。斷

非左孟右季之呆法也。可知矣。

溫氏續解 父母是卦之中氣。左右指兼向而言。雙山雙向者。如子癸午丁之騎縫線。雖不能以何爻爲主。元空五行挨排。總屬坎離兩卦。陰陽亦是一氣。水又零神乘旺。雖屬空向。所以倘能發福。若丑艮。丁未。騎縫之向。而丑艮固在一卦。所挨之氣陰陽夾雜。丁未已屬兩卦。所排父母之氣。順逆不同。離非離。而坤非坤。究以何卦五行爲主。而可元空挨排其孰旺孰衰。旺衰既不能有一定。其所來之氣。所排之星。定然吉凶不一。再水裡又值衰敗之正神。五行生克之氣不一。豈非要敗絕也哉。仲子卽離卦之丙。亦指元空而言。非呆方位之丙也。是方倘若形勢尖射反背。元空之氣。又值衰敗。則中房受殃必矣。所以非指方位而言。要隨時變易之一宮一向而言也。

若行公位看順逆。接得方奇特。宮位若來見逆。龍男女失其蹤。

承上文仲子一神而槩言公位之說。順則生旺。逆則死絕。然不云生死而云順逆者。若論山上龍神。則以生氣爲順。死氣爲逆。若論水裏龍神。則又以死氣爲順。生氣爲逆故也。

直解 公位、即孟仲季分房之說。順逆、即往來得失之屬。接得云者。蓋現在與將來相接也。現在與將來相接方爲奇特。如與過去已往者相接。便謂之逆。又有半與將來相接。半與已往相接。亦謂之逆。是有失踪之患矣。註中以生氣爲順。

死氣爲逆。專指山上排龍而言。若論水裏排龍。則又以生氣爲得。死氣爲失。顚之倒之。所謂水用逆。星仍用順。即同此意。

溫氏續解

此公位。即上文所云之公位。孟仲季也。卦有乾領三男。坤領三女。一卦之中亦有孟仲季之分。數亦有一卦中之三爻。爲一四七。二五八。三六九。孟仲季之分。一元三吉。亦可云孟仲季。總要從玄空流行之中。山上水裏。排到有權有力之處。得生旺爲奇特。若得衰死之氣。

即爲逆龍。丁財兩衰。則男女失其蹤矣。

更看父母下三吉。三般卦第一。

通篇、皆明父母三般卦理。反覆詳盡矣。終篇復申言之。若曰、千。言。萬。語。只。有。此。一。事。而。已。無復他說矣。蓋致其叮嚀反覆之意云。

直解 三吉、即一元三吉。三般、卽顚倒顚玄空起父母之三般。習是術而不知此三般起父母之奥。一切說玄說妙。總屬胡言。反覆叮嚀。不過反覆詳盡之意耳。

溫氏續解　父母卽前章玄空經四位而起父母三吉卽一元三吉上元一二三中元四五六下元七八九也要從玄空起父母之中顚倒流行收得三吉之氣卽爲之第一也三般起法已詳註首章及東西父母三般卦之篇中矣勿再複述

內傳中

二十四山起八宮貪巨武輔雄四邊盡是逃亡穴下後令人絕

此節反言以見旨。興起下文之意。言一行所作小遊年卦例。以二十四山起八宮。而取貪巨武輔爲四吉。若其說果是。則宜乎隨手下穴。皆吉地矣。何以四邊盡是逃亡。穴下後反令人敗絕哉。則知卦例不足信。而別有眞機。如下文所云也。

【直解】八宮卦例。以八卦之陰陽分順逆。并有以六十四卦。每卦分得八卦。定吉凶者。亦非也。〇此節專論八宮卦例之非。恐人誤認。故特辨之。

【溫氏續解】此節申明一行所作卦例之非。所以下卽接挨星爲貴耳。

惟有挨星爲最貴。泄漏天機秘。天機若然安在內。家活當富貴。天機若然安在外。家活漸退敗。五星配出九星名。天下任橫行。

緊接上文。卦例旣不可用。惟有挨星玄空大五行。乃爲陰陽之最貴者。天機秘密。不可流傳于世。但可偶一泄漏而已。安在內。不出三般卦之內也。安在外。出三般卦之外。出卦不出卦。禍福逈分。安得不貴耶。夫挨星五行。非如遊年卦例。但取四吉而

已蓋八卦五行配出九星上應斗杓知九星之作用便可橫行天下無不響應矣卦例云乎哉

【直解】法將得時得令之星安合時合局之水謂之安在內自有富貴之應若令星不得其所謂之安在外自有退敗之患在山在水一同論也五星配出九星即八卦配出九宮九宮分作三元如此推度行乎天下無不響應執定卦例之說者宜細推之方知此是彼非所云最貴者謂法之最貴也得傳之後切不可浪洩天機輕示

非人以招造物之忌也是法始于晉盛于唐自五代及宋元注書立說者數十百家諸法雜出以僞亂眞紛紛聚訟龍蛇莫辨于是有心者無所依歸求食者藉爲憑信如是則僞者日益盛眞者日益失矣

溫氏續解　理氣惟挨星之法最爲地理眞傳餘俱僞法天機安在內者如上元一運穴立子山午向要玄空流行之氣排來四面八方之山水不出子午卯酉乾坤艮巽天元一卦之內再

此八字之中。有山有水之處。挨到當元當旺之星。與山水合時合局。卽爲之安在在。若用壬丙向。則又要不出辰戌丑未甲庚壬丙地元一卦之內。癸丁向。又要不出寅申巳亥乙辛丁癸人元一卦之內。此卽爲不出三般卦之內也。若山向之兼左兼右。兼干兼支。總要收淨一卦。若所立之山向。或兼出卦。或雖屬一卦。陰陽夾襍。玄空流行之氣。再值衰死。卽爲之安在外也家業退敗必矣。知此玄空流行。五星配出九星之法。

而地理之道可橫行天下也

干維乾艮巽坤壬陽順星辰輪支神坎震離兌癸陰卦逆行取分定陰陽歸兩路順逆推排去知生知死亦知貧留取教兒孫

此節分出玄空大卦干支定位以足前篇父母子息之義四維之卦以天干爲主者也干維曰陽四正之卦以地支爲主者也地支曰陰此陰陽非交媾之陰陽也知卦之所主則父母子息不問而自明矣其陰陽兩路每一卦中皆有陰陽兩路可分

非將八卦分爲兩路。何者屬陰何者屬陽也。其順逆推排。即陰陽兩路分定之法。非乾艮巽坤爲陽順。坎震離兌爲陰逆。若如此分輪。則皆順也。何云逆乎。至于四卦之末。各綴一字。曰壬。曰癸。此又挨星。秘中之秘。可以心傳。而不可以顯言者也。

【直解】四維之卦。以乾坤艮巽爲主。四正之卦以子午卯酉爲主。知卦之所主。卽知卦之父母子息矣。知此卽知何者屬陽。何者屬陰。空中分陰陽。定五行。辨順逆之法矣。所言壬癸。是隨時。而在之壬癸非方位干支之壬癸即在在之壬癸亦有陰陽兩路可分當細細揣之自得在氣不在方之訣矣○乾坤艮巽子午卯酉皆卦之中氣卦之中氣爲父母偏傍兩爻爲子息

溫氏續解 此以蔣公羅經二十四山之干支分爲十二陰十二陽之所以然此陰陽之根原實從壬奇中之寄宮也壬寄於亥癸寄於丑八干四維皆寄於十二支取戊己歸中爲皇極所以序中故曰先天羅經十二支也此章說出干

維乾艮巽坤壬甲丙庚俱屬陽順支神坎震離兌癸乙丁辛俱屬陰逆各綴一字曰壬曰癸至下文全露甲庚壬丙俱屬陽乙辛丁癸俱屬陰一卦之中有支中兩干有干中兩支即陰中有陽陽中有陰一卦之中皆有陰陽兩路可分蔣公恐人不明以紅黑字別之非定干支之紅黑字爲陰陽要從元空流行干支紅黑字之陰陽爲順逆作用耳

天地父母三般卦時師未曾話玄空大卦神仙說本

是此經訣。不說宗枝但亂傳。開口莫胡言。若還不信此經文。但覆古人墳。

曰天地。曰東西。曰父母。曰玄空。曰挨星。異名而同實。若于字義。屑屑分疏。則支離矣。此節蓋恐學者得傳之後。以爲太易。而輕忽之。故極言贊美。以鄭重其辭。非別有他義也。說到覆古人墳。是徵信實著。予得傳以來。洞徹玄空之理。今故注此經文驗前人之謬。直捷了當。略無畏縮。皆取信于覆古人墳。蓋驗之已往。證之將來。深信其一豪之無誤。自

許心契古人而可以告無罪于萬世也

直解 天地即干支父母是變易干支之父母三般即翻天倒地顛倒二十四龍之三般宗枝者起父母之宗枝也起父母之宗枝若不從此三般便是僞法然此三般卦訣秘密深藏貴在心傳難以言顯楊公說到覆古人墳蓋驗之已往即可證之將來深信其一毫無訛耳

溫氏續解 天地即天干地支父母即一四七二五八三六九三般即一卦之中有三爻三爻

之中。有一四七二五八。三六九之分爲天地人也。如離宮一卦。爲丙午丁三字。爲天元。以一入中。順數午上是五。丁爲人元。以四入中。順數丁上是八。丙爲地元。以七入中。順數丙上是二。豈非一卦之中。亦有天地人之三卦乎。餘卦餘運仿此。宗枝者。卦爲之宗。邊爻爲之枝。亦即父母子息也。所以元空顚倒二十四山。若不從卦數相配天地人三元之作用。便是僞法。時師何知其妙。開口皆是胡言。說到覆古人墳。可謂不能假借。粉飾欺人耳。用法細義。已詳東西父母三般卦之篇中。不再複及。

分卻東西兩個卦。會者傳天下。學取仙人經一宗。切莫亂談空。五行山下問來由。入首便知蹤。

此亦叮嚀告戒之語。而歸重于入首。蓋入首一節。初年立應。尤不可不慎也。

直解 分者。卽分元空顚倒之機也。元空顚倒之機。蓋以來者爲東。往者爲西。陽者爲東。陰者爲西。動者爲東。靜者爲西。非世俗以坎離震兌分東西也又非以十二支左兼右兼水法之左到右到分東西也兩個是言隨時而在之陰陽也苟能分得在在之陰陽則知此陰彼陽此東彼西之兩個矣曉得此兩個定卦分星之奧下卦起星之訣畧見一班矣

溫氏續解 東西即對待對待即陰陽陰陽即往來無形之氣上元坎卦一運來而下元離卦九運已往矣八卦九星俱要到中五方能依數玄空流行順逆顛倒陰陽從此而轉所以入首

之來由。要問五行山者。卽中五也。既知玄空顛倒之機。悉由中五。定卦分星之奥。下卦起星之訣。可曉然矣。

分定子孫十二位。災禍相連値。千災萬禍少人知。尅者論宗枝。

此節直糾時師。悞認子孫之害。蓋子。孫。自。卦。中。分。出。位。位。不。同。豈如俗師。干從支。支從干。二十四路。止作十二位論。若如此論法。必致葬者。災禍相連値矣。既遭災禍。而俗師終不知所以災禍之故。胡猜亂猜或云干凶或云支凶總非眞消息也夫災禍之發乃龍氣受尅所致而龍氣之受尅實不在干支蓋有爲干支之宗者焉所謂父母是也知其宗之受尅則知干支亦隨之而受尅所以不免菑禍耳深言十二位分子孫之說之謬如此

【直解】當世所用雙山五行之法呆將二十四山分作十二位論陰陽辨順逆總由不知顚倒顚玄空起父母之宗枝也玄空起父母之宗枝二十四山陰陽不一顚倒無定隨氣運行隨時變

易乃是眞玄空眞陰陽眞五行若拘呆法硬泒某干屬陽某干屬陰者斷非知音之輩也

溫氏續解　時師只論羅經呆方位之二十四山干支陰陽分定十二位之子孫不知此子孫要從玄空流行干支之宗而父母受尅子孫亦隨之而受災禍也如巽卦來龍玄空流行乘着乾金無形之氣巽爲卦之中氣爲父母父母既爲乾金所尅而巽卦之爻神辰巳卽爲子孫亦無不隨之而受克矣所謂宗之受尅枝亦隨之

而受尅也。災禍豈能免哉。餘卦仿此。

五行位中出一位。仔細秘中記。假若來龍骨不眞。從此誤千人。

此節又詳言出卦不出卦之密旨。蓋同一出位而有卦內卦外之不同。若在卦內。則似出而非出。若在卦外。則眞出矣。此中有秘。當密密記之。在卦內則龍骨眞。在卦外則龍骨不眞矣。

【直解】地卦不出。天卦不合。卽謂卦外。地卦出而天卦不出。是謂卦內。卦內云者。在天心生旺之卦內也出一位即巳丙亥壬申庚寅甲之出一位曉得出一位之眞訣隨手拈來無非妙用所謂不眞者非龍脉石骨水口種種之不眞是挨星訣之眞不眞也如不得眞訣所誤豈止千人而已哉出一位即是兼貪兼輔之出一位山水錯雜用合補救此謂之骨眞又名卦內水有三吉四吉元空僅得其一二即謂不眞又名卦外當細細揣之自少悮人之作矣

溫氏續解 五行出一位則出卦而生旺不能

二運乾山巽向 亥山巳向

一 四 二	六 八 六	一 六 四
九 五 三	二 三山 一向	四 一 八
五 九 七	七 七 五	三 二 九

二運壬山丙向

一 六 七	六 二 二	八 四 九
九 五 八	二 七山 六向	四 九 四
五 一 三	七 三 一	三 八 五

同元一氣也地卦出而天卦不出者如二運之用巳向兼丙地卦巳出玄空五行排來巳上得二丙上亦得二豈非向雖出卦而星得當旺當令之星地卦雖出天卦同屬一氣爲不出也卦外者所立之向雖不出卦所乘之氣是失時衰死豈非雖不出卦而玄空流行星氣不合卽爲之卦外矣兼貪兼輔之出與不出前註東西父母三般卦之出與不出也知此卽龍骨之眞與不眞不辨而自明矣

一個排來千百個。莫把星辰錯。龍要合向。向合水。水合三吉位。合祿合馬合官星。本卦生旺尋。合凶合吉合祥瑞。何法能趨避。但看太歲是何神。立地見分明。成敗定斷何公位。三合年中是。

一個排來變化不一。故有千百個也。龍向水相合前篇已盡。祿馬官星在本卦生旺則應。不然則不應。此見生旺爲重。而祿馬官星在所輕矣。

直解 合而爲一。散而爲九。縱橫顛倒。流轉星辰。變易不一。陰陽無定。千百個者。甚言陰陽之千變無窮也星辰錯非爲合官合貴之錯正言不合生旺之錯龍向水都合生旺再合之以官貴自然應驗倘不合生旺空堆祿馬貴人有何益哉所言太歲三合總論錯不錯之應驗也

溫氏續解 一個排來即九星中之一星隨時入中立極流轉星辰顛倒三八陰陽順逆變化不一甚言有千百個之多也但所用星辰須得生旺不可錯認衰死之氣龍要合向者山上排龍要山上得旺水裡排龍卽向上排出之星要

水裡得旺即爲之龍要合向向合水也三吉即一元三吉應驗之吉凶太歲臨方或三合年中公位之禍福不失也

排星仔細看五行看自何卦生來山八卦不知蹤八卦九星空順逆排來各不同天卦在其中

五行總在何卦中生不在干支中定所謂父母子息也不知八卦蹤跡從何而來則九星無處排矣蓋星卦之順逆各有不同即此一卦入用或當順推或當逆推有一定之氣而無一定之用所謂天

下諸書對不同也要而言之則玄空二字之義盡之矣

直解 何卦生蓋言何元之生旺何運之主張五行者天心流轉之五行也天心流轉之機總在何卦之所主何卦之所生仔細查准然後分陰陽定五行則知何山當順推五行何山當逆挨九星若不知何卦所生何卦所主之縱跡八卦九星豈非空有耶即此一卦用於此處當順用於彼處當逆用於此時當順用於彼時當逆此

乃天卦在中之所使也

溫氏續解　看五行即看九星五行也要從卦中排出以卦爲主不以二十四山之干支爲主也如壬子癸屬坎爲水丑艮寅屬艮爲土要玄空排出八卦九星之五行即爲父母干支即爲子息如上元一運以坎入中即知玄空所排之五行自坎卦生來既知五行自卦中生出然後用何山向或順或逆皆由天卦在中之所使天卦即玄空流行隨時之天運也若不知來山八

卦之蹤跡豈非八卦九星皆空矣

甲庚丙壬俱屬陽順推五行詳乙辛丁癸俱屬陰逆推論五行陰陽順逆不同途須向此中求九星雙起雌雄異玄關眞妙處

此畧舉干神卦氣之例陽四干則順推八卦陰四干則逆推八卦一順一逆雖不同途而此中有一定之卦氣可深求而得者至其每卦之中皆有一雌一雄雙雙起之法乃陰陽交媾玄關妙處也又不止一卦有一卦之用而已舉八干而支神之法

亦在其中矣

直解　所言甲庚是來何地落何宮隨氣變易之甲庚非東甲西庚之方位如拘於東西甲庚之方位則二十四山宜有一定何來有時占陽有時喚陰之更變耶占陽即陽喚陰即陰豈非九星雙起一山兩用之元關耶

溫氏續解　此節甲庚壬丙屬陽順推五行乙辛丁癸屬陰逆推五行至此方與前節干維乾坤艮巽壬陽順星辰輪一章合而觀之說明八

干四維之陰陽。支神坎震離兌癸者。而坎震離
兌。即子午卯酉屬陰。綴一癸字。已藏此節乙辛
丁癸爲陰。寅申巳亥。辰戌丑未、四陽四陰。相輔
乾坤艮巽。而二十四山之干支陰陽。悉具畢露。
至順逆顛倒。仍要玄空流行。隨時變易。來何地
落何宮之甲庚壬丙爲陽。乙辛丁癸爲陰之陰
陽也。其非板位不易二十四山紅黑字之陰陽
可知矣。此陰陽之根原。出於壬家之寄宮。前節
註明勿再複及。

東西二卦眞奇異須知本向水本向本水四神奇代代著緋衣

此節又重言向水各一卦氣兼收生旺之妙向上有兩神水上有兩神故曰四神

直解 二卦者山有山之卦氣水有水之卦氣山有山之用法水有水之用法也本向本水者水得本元之水向得本元之向也向上有兩神水上有兩神此謂四神此四神當在陰陽交會上推算不在別處也水得本元之水自無上山之

患。山得本元之山。自無下水之病矣。

溫氏續解　東西。卽日往月來之盈虛消長。四神。卽玄空流行無形氣中當元當令之生旺。排到向水上之陰陽。交會卽在中五。由中五順逆排去。向與水豈非各有兩神乎。總之向水均要各得生旺。不犯上山下水。緋衣之應必矣。富亦在其中也。

水流出卦有何全。一代作官員。一折一代爲官祿。二折二代福。三折父母共長流。馬上錦衣遊。馬上斬頭水出卦一代爲官罷。直山直水去無翻。場務小官班。
水不出卦。須折折在父母本宮。若折出本宮。雖折
而後代不發矣。馬上斬頭即一折。父母便流出卦。
如斬頭而去也。本卦水又以曲折爲貴。乃許世代
高官。若止直流。雖然本卦。而官職卑矣。

【直解】此節專言曲水之吉凶。水有一兩曲者。有
八九曲者。經云水曲則氣動。水折則氣活。水法
雖以曲爲吉。然曲多則易犯出卦。必須曲曲折
折。都在一氣之內。一宮之間。方爲上吉。錦衣云

者。甚言曲而不出之吉也。如一曲一折。便屬零正混淆。陰陽夾雜。即爲出卦。亦有近水淸純遠水雜亂者。亦有遠水淸純。而近水錯雜者。亦謂之出卦。自有一代之應驗也。所謂場務小官者。是言直來直去之應驗也。

溫氏續解 此節。言水法形體曲折之玄便爲吉地。但要曲折之玄之處。須在一元之內。如上元。收一二三之氣。若雜四五六。七八九。便爲出卦。若近穴三折。不雜他元。又是卦之中爻父母

之氣自然馬上錦衣定必發貴近穴三折最爲緊切餘曲雖多似可稍畧若水形固曲一折即直流而去雖貴亦小且不悠久也此節形氣並講

內傳下

乾山乾向水朝乾乾峯出狀元卯山卯向迎源水驟富石崇比午山午向午來堂大將値邊疆坤山坤向水坤流富貴永無休

此明玄空大卦向水兼收之法舉四山以例其餘

皆卦內之清純者也乾宮卦內之山作乾宮卦內之向而收乾宮卦內之水則龍向水三者俱歸生旺矣非回龍顧祖之說也或云狀元或云大將或云驟富者亦錯舉以見意不可拘執

【直解】乾山者乾運卦內之山也乾向者乾運卦內之向也乾水乾峯者水亦乾運卦內之水峯亦乾運卦內之峯也然非坐水之說其訣可以一語破者向上水上之星即山上之星也

【溫氏續解】如六運穴立坤艮之山向以六入

中。艮上得九。坤上得三。玄空陰陽順逆排去。艮上仍得六。坤上亦得六。豈非山上向上俱得當元當令乾六之旺星。若坐後再有挺拔奇秀之峯。向上有之玄曲折不雜他卦之秀水。疊疊用此合時合局合吉之地。貴秀何疑。若坐後主山並無奇峯。向上亦無秀水。而乾方有挺拔奇秀之峯。來水三叉有曲貴秀水。由玄空山向所排之氣。均屬同元一氣。亦是龍向水三氣俱合。此節以理氣以喻義。非實指必出狀元大將。乃所發富貴必大無疑也。其餘按運或由山向或由三卦挨排耳。總之要玄空會合無形之氣。並非以定位言也。

辨得陰陽兩路行。五星要分明。泥鰍浪裡跳龍門。渤海便翻身。

陰陽兩路。上文屢見。此重言以申明之耳。下二句言變化之易。

【直解】辨。即辨玄空變易之陰陽。辨清玄空變易之陰陽。自曉陰陽順逆之兩路矣。既識兩路。再、

辨山上水裡之宜忌氣運消長之得失陽水陰山之配合兼貪兼輔之得宜自能一葬便興魚龍變化於頃刻間也

溫氏續解 玄空五行陰陽順逆上文註明此再申明山上水裡不可顛倒誤用再能體用合法自有魚龍變化之妙也

依得四神爲第一官職無休息穴中八卦要知情穴內卦裝清

前篇本向本水四神奇是姑置來龍而但重向水

此節穴上八卦要知情。又從穴上逆推到來龍。以補四神之不及。穴上是龍。穴內卽向也。

直解 依者。承上文而言也。上文專言向水上之四神。此節兼山向水而言也。穴中指山。穴內言水。山上水裏各有兩神。故曰四神。此四神先要曉得何山得何五行。何水得何五行。細細裝清。方知山上得何兩神。向首得何兩神。水裡得何兩神。如是可得四神之捷訣矣。

溫氏續解 前章註明四神以玄空五行排到

向水之各有兩神。要不犯山上水裡乘着衰氣。此節方露穴中一語。而穴中指山。可見山上亦有兩神。不獨向水要兼收其旺。即山上兩神亦不可忽也。四神者。實指山向而言。水由向排。水上豈能不收其旺乎。水上既收其旺。而由坐山逆挨到來龍入首之處。亦要同元乘旺。四神之奧得矣。

要求富貴三般卦。出卦家貧乏。寅申巳亥水來長。五行向中藏。辰戌丑未叩金龍。動得永不窮。若還借庫富後貧。自庫樂長春。

前篇甲庚壬丙一節。是四正之卦。此節又補四隅之卦。觀此。則支水去來凶之言當活看。不可死看矣。辰戌丑未。雖俗云四庫。其實玄空不重墓庫之說。借庫出卦也。自庫不出卦也。是重在出卦不出卦。不重墓庫也。

直解 寅申巳亥、辰戌丑未、俱屬四維之爻神。五行、卽大元空九星五行、叩金龍向中藏者、是言水裏龍神得與失也、得爲動、又謂自庫、不得卽謂出卦叉謂借庫、借庫自庫、不論水之去來、總要得五行生旺之氣、不必拘於庫與不庫也、○時師一見水來便云立某向、收某方水來、爲長生水到堂、左水到右者、當立陽向、如右水到左者、當立陰向、長生官旺方、水宜來、衰病死絕方、水宜去、去處必須辰丑戌未方、便爲歸庫、九州一例中外皆然、深可痛哉、

溫氏續解 三般卦訣。首章與東西父母兩節。已經發明。天地人三大卦之卦數詳細用法矣。

前註乾坤艮巽。與子午卯酉爲天元。乙辛丁癸。與寅申巳亥爲人元。甲庚壬丙。與辰戌丑未爲地元。陰陽配合爲三。若所立山向在天元卦中。玄空所乘之氣。在人地兩元卦內。即爲出卦。若所乘天元卦內一二三之氣。在人地卦中爲出而不出。此非眞出。若去來之水。在人地卦內所乘之氣。又是七八九地元之衰氣。時值上元。山向又立天元。去來之水在人地兩卦之內。玄空所乘之氣。又値衰敗。豈非家要貧乏乎。如立丙向兼巳。亦爲之出卦。若所乘之氣生旺亦非眞出。若値衰氣。則眞出矣。此乃卦爻之三般。一四七。二五八。三六九。爲數之三般。卦與數。合而爲一也。其中奧妙。各有父母用法。已註前章。恐學者泛泛。故再複及。

大都星起何方是。五行長生旺。大旆相對起高岡。職位在學堂。捍門官國華表起。山水亦同例。水秀峯奇出大官。四位一般看。

此節言水上星辰。即山上星辰。只要得生旺之氣。

在山在水一同論也。

直解 此節言、山上水裡、在右功曹、龍虎案托、捍門華表貴得生旺之氣、在山在水、一同論也、

溫氏續解 此節兼形局而言。要山上水裡所得星辰生旺。無上山下水之病。四面八方。形與氣。處處相生相合。所以爲大都星辰。起於何方爲是山龍水龍同爲一例。

坎離水火中天過。龍墀移帝座。寶蓋鳳閣四維朝。寶殿登龍樓。罡刼弔殺休犯著。四墓多銷鑠。金枝玉葉

四孟裝金廂玉印藏
坎離水火一句乃一章之所重其餘星宿總是得生旺則加之美名逢死絕則稱爲惡曜名非有定星隨氣變者也

【直解】中天過移帝座即江南龍來江北望之意其餘星宿名非有定星隨氣變者也

【溫氏續解】此節從中五逆數坎離顛倒自然龍墀移於帝座矣江南龍來江北望亦即此意前已註明不過中五一逆數而已

帝釋一神定縣府紫微同八武倒排父母養龍神富貴萬餘春

帝釋丙也八武壬也紫微亥也帝釋神之最尊故以縣府名之其實陰陽二宅得此貴之極矣然其妙用在乎倒排非正用也

直解 註云最尊最貴貴不在乎帝釋而貴在紫微與八武同到也然其妙用在乎倒排非正排也所云倒排即顛倒顛之倒排非左旋右到之倒排也

溫氏續解　此節說出要倒排父母。倒排者。即逆數也。玄空逆數之中。一六會合。於或山或向。或水。再得丙九之照神。自有縣府富貴之應。紫微六也。八武一也。帝釋九也。

識。得。父。母。三。般。卦。便。是。眞。神。路。北斗七星去打刧。離宮要相合。

上二句。引起下文之義。言識得三卦父母。已是眞神路矣。猶須曉得北斗七星打刧之法。則三般卦之精髓方得。而最上一乘之作用也。北斗云何。知

離宮之相合即知北斗之義矣

直解父母是經四位之父母三般是坎至巽巽至兌兌至坎顚倒顚之三般知此顚倒顚玄空起父母之三般便是大玄空之神路矣北斗者隨時立極之氣也隨時立極之氣日往月來星移斗轉縱橫顚倒總由此而使然也七星者由現在而逆推到第七此處五行正與立極之氣相反最易發禍要相合者要使發禍者變而爲發福相反者轉而爲相合也

溫氏續解　三般卦訣。前已詳註。苟能識得。豈非神路乎。北斗卽九星。玄空兌七之金。去刼震三之木。而離九之火。來克兌七之金。而救震三之木。則救制自明。變化亦得。既明玄空三般大卦。經四位起父母之秘。再能以山水形氣。生克制化之理通之。豈非青囊最上一乘之作用乎。由現在而逆推到第七者。一至逆數到四。豈非七位乎。四至逆數到七。豈非又七位乎。二五八。三六九同例。此處五行。與立極之氣相反。最易發禍者。如上元一運。立極之玄空五行。豈能與中元四運。下元七運。立極之玄空五行相合。各元有各元立極之五行。各運有各運立極之五行。元運立極之氣。既然相反各異。形氣五行自有更變。發禍可必。轉能發福者。要所立當時之山向。處處合吉也。

子午卯酉四龍岡。作祖人財旺。水長百里佐君王。水短便遭傷。

取子午卯酉。以其父母氣旺也。言四正。則四維可以例推矣。水短遭傷。以見出卦之故。

直解 四正之卦以地支爲主。四隅之卦。以乾坤艮巽爲主。山水二龍。均以此爲父母也。○此節專辨山水二龍。干支卦位之父母子息。以辨力量之輕重也。

溫氏續解 山龍平洋。出脉在子午卯酉乾坤艮巽者。乃父母之卦。氣全力厚。若所用之時。山水合法。乘旺。富貴悠久。水長百里。言水來深長曲折有情。水短即硬直無情。所以遭傷也。四正

四維卦之邊爻爲之子息出脉若於子息而來富貴亦輕此指卦爻出脉以辨力量之輕重也

識得陰陽兩路行富貴達京城不識陰陽兩路行萬丈火坑深

此即顛顛倒之意皆上文所已言而詠嘆之

直解此識得二字明明對習術者而言也識得即識隨時而在之陰陽曉得隨在之陰陽陰陽二宅自能得心應手名並管郭流傳千古也倘不識此訣胡行亂作火坑之深淺豈可窮其丈

尺也哉。

溫氏續解 識得玄空隨時而在之陰陽。自能分順逆兩路之挨排。處處無非妙用。因時乘旺。不犯上山下水之病。富貴可達京城。若不知玄空隨時而在之陰陽順逆兩路之旺衰自然不識。用違其時。上山下水。顛倒誤用。其凶如火坑之深也。

前兼龍神前兼向。聯珠莫相放。後兼龍神後兼向。排定陰陽算。明得零神與正神。指日入青雲。不識零神

與正神代代絕除根

龍神向首皆有兼前兼後之法兼者父母兼子息

子息兼父母此卽正神零神之義

〔直解〕前兼後兼卽顧前顧後之意前兼者向上

排龍也向上既得生旺排到來山又生來山之

生旺此謂之前兼後兼者山上排龍也山上既

得生旺排到向首又生向首之生旺此謂之後

兼前與後零與正陰與陽總要排定何處得零

何處得正分別陰陽前後推算得失也

溫氏續解

前兼龍神如立午向兼丁或兼丙後兼龍神如子山兼癸或兼壬雖用法各有相兼玄空流行之九氣旺衰不一坐山向首玄空挨排兼左兼右須得生旺爲要零正即旺衰若不明旺衰之理山水誤用絕之無疑作者可不愼歟

倒排父母是眞龍子息達天聰順排父母倒子息代代人財退

父母子息皆須倒排而不用順排如旺氣在坎癸

倒排則不用坎癸而得眞旺氣順排則眞用坎癸而反得殺氣矣似是而非毫釐千里玄空大卦千言萬語惟在于此

直解註云旺氣在坎癸倒排則不用坎癸而得眞旺氣者讀者須從廉武上去推求順排則眞用坎癸而反得其殺氣看五六不知到何卦位耳

溫氏續解倒排即逆數也如一運之子山午向以坎一入中天運順行數至子上是六午上

是五以五入中逆數至午上仍是一爲當元當令之旺星若以五入中順數至午上是九即爲衰敗之氣所以倒排父母即逆行九宮所用之山向得玄空陰逆之數則得旺氣若得陽順之數則反得殺氣矣要從廉武上去推求者廉即五武即六上元一運之子山午向一入中順數子上是六午上是五五六皆要入中豈非從廉武上去推求乎

一龍宮中水便行子息受艱辛四三二一龍逆去四

子均榮貴。龍行位遠主離鄉。四位發經商。

此節又申言本卦水須折折相顧若一折之後便。出本卦雖然得發必受艱辛矣。必三四節逆去皆在本卦。乃諸子齊發也。位遠即出卦一出卦即主離鄉。若出卦之後。又還歸本卦反主爲商得財而歸。其應驗之不爽如此。

【直解】一龍者一節水也一節之後便流出卦子孫雖發必受艱辛四三二一龍逆去者巽震坤坎逆流而去也位遠離鄉言近水既流出卦畧

遠又還歸本卦兒孫自有此應

溫氏續解　曲折之水有四節玄空所排之氣由穴中四三二一逆推而去此四節之水形雖曲折氣反逆去實則乃一二三四順收到穴水雖曲折逆去氣則順朝穴中豈非均榮貴也其秘奧如此體用之妙若無口口相傳焉能入其微妙之域哉若近穴之水出卦子息必受艱辛遠去又歸本卦必主離鄉發福

時師不識挨星學只作天心摸東邊財穀引歸西北

到南方推。老龍終日臥山中。何嘗不易逢。正是自家眼不的。亂把山岡覔。

東邊財穀。二句託喩。即江南龍來。江北望之義。玄空妙訣也。嘆息世人不得眞傳。胡行亂走。旨哉言乎。

直解 東引西歸。北到南推。二語眞靑囊之秘。天玉諸書之奧矣。老龍者。是玄空運行之龍也。玄空運行之龍。自有玄空尋覔之法。反從山岡上去尋覔。何異刻舟求劍耶。

溫氏續解 東引西歸。北到南推。卽序中。江南江北。江東江西。名異實同。皆由中五逆數九氣。老龍者。卽天元九運。若不從玄空尋覓無形之氣。反從山岡尋覓有形之質。眞如時師不識挨星實學。假作天心摸也。

世人不知天機秘。洩破有何益。汝今傳得地中仙。玄空妙難言。翻天倒地更玄玄。大卦不易傳。更有收山出煞訣。亦兼爲汝說。相逢大地能幾人。個個是知心。若還求地不種德。穩口深藏舌。

篇終述敘授受之意。深戒曾公安之善寶之也結語歸重于種德。今之得傳者。不慎擇人。輕泄浪示。恐雖得吉地。不能實受其福矣。而泄天寶者重違先師之戒。其不干造物之怒。而自取禍咎者。幾希矣。

直解 此法、造物之所忌、先師之所秘、恐人輕洩、故於篇終、特又叮嚀教戒之耳、穩口穩口、無取災禍、

溫氏續解 能明玄空翻天干倒於地支之妙。

已不易傳。再知收山出煞之法。大地相逢。自無錯過。而收出之秘。無非山上水裡。旺衰得宜。若山上排龍。高山實地要得生旺。向上排龍。水口三叉低窪之處。要得生旺。反此即是收不得山來。出不得煞去也。總之旺氣收入穴中。衰氣出於穴外。習是術者。不察種德之家。強求吉地。雖能人定勝天。究屬挽回造化。定干造物之怒。不禍及操術者。幾希矣。天地之玄機。雖妄爲宣泄。窮極其理。學者。須精思冥悟。庶可洞若觀火。豈筆墨能盡述之也。

地理合璧卷三終

周同纘子緒
王銓濟巨川校字
沈爾晟景陽

四

都天寶照經

上篇一頁起

中 二十四頁

下 五十二頁

五吉寓先

地理辨正錄要合璧

直解悉遵原刊 續

露湘

己巳春朱壽朋題

地理合璧題詞

聖賢大道此為首端救濟良策修齊偉觀

兩間造化二氣旋盤潛心研究祕法聿完

此道通曉物阜民安邦家之光美哉斯刊

戊辰冬至紫寥撰句　朱壽朋書

地理合璧辨正卷之四

雲間蔣平階大鴻補傳　無心道人增補　直解
門人會稽姜垚參定　錫山溫榮鑣明遠甫續解
上海朱之翰紫君甫校勘

都天寶照經　唐楊益筠松著

上篇

楊公妙應不多言實實作家傳人生禍福由天定賢達能安命貧賤安墳富貴興全憑龍穴眞龍在山中不出山掛在大山間若是沙曲星辰正收得陽神定

斷然一葬便興隆父發子傳榮

蔣氏曰此一節專論深山出脈老龍幹氣生出嫩支之穴

直解 此節論深山老龍幹氣專取嫩枝之法謂既得嫩枝再求眞穴情形再看主山端正峯巒秀美神氣充足砂水朝歸再兼用法處處得宜自有一葬便興之應龍在山中不出山掛在大山間者此言老幹抽出嫩枝之情狀也

溫氏續解 龍穴砂水俱吉用神緊要之處再

能收得旺星自然一葬便發龍在山中不出山掛在大山間者是形氣並講論形體老龍幹氣生出嫩支之穴論理氣中五立極之所爲之老龍由中五順逆顛倒二十四龍是爲龍在山中不出山掛在大山間也二十四龍均要到中五也

好龍脫刼出平洋百十里來長離祖離宗星辰出此是眞龍骨前途節節出兒孫文武脉中分直見大溪方住手諸山皆不走個個回頭向穴前城郭要周完

水口亂石堆水中。此地出豪雄。若得遠來龍脫卸。發福無休歇。穴見陽神三揖朝。此地出官僚。不問三男幷五子。富貴房房起。津湖溪澗同此看。衣祿榮華斷。大水大河齊到處。千里來龍住。水口羅星鎖住門。似大將屯軍。落頭定有一星形。非火土即金。正脈落平三五里。見水方能止。二水相交不用砂。只要石如麻。更看硤石高山鎖。密密來包裹。此是軍州大地形。細說與君聽。

蔣氏曰。此一節。專言大幹傳變。行龍盡結之穴。謂

之脫刧龍又名出洋龍雖云城郭要周完總之城
郭都在龍身上見不必于穴上見蓋龍到脫刧出
洋雖衆山擁衛而行前數節羣支翼張羽儀簇簇
至于幾經脫卸之后近身數節將結穴時龍之踪
跡愈變而龍之機勢愈疾此非左右二砂所能幾
及往往龍只單行譬之大將匹馬單刀所向無前
一時偏裨小校都追從不及所以有不用砂之說
也高山不甚重水獨此等龍穴以水爲證者何與
山剛水柔水隨山之行以爲行山不隨水之止以

爲止而云直見大溪方住者非謂山脈遇水而止也正因山脈行時水不得不與之俱行則山脉息時水不得不與之俱息故幹龍大盡之地自然兩水交環有似乎千里來龍遇水而止也既云不用砂而又云密密包裹者何也夫結穴之處雖不取必于兩砂齊抱要之眞龍憩息之際定不孤行外纏夾輔隱隱相從水口星辰有時出現大爲硤石小爲羅星近在數里遠之二三十里皆不可拘前所謂砂指本身龍虎而言後所謂鎻指外護捍門

而言也只要石如麻則不止謂水口而已正言本身結穴之地蓋幹龍剝換數十節其渡水崩洪穿田過硤不止一處若非石骨龍行何以見眞龍結體今人平地墩阜悞認來龍指爲大地正坐此弊也凡去山數里即有高阜或由人工或出天造既無眞脉相連又不見石骨稜起總不謂之龍穴所以落平之龍重起星辰必要石如麻也有石脈乃爲眞龍有石穴乃爲眞穴山龍五星皆結穴其云落頭一星獨取火土金者大約近祖支龍蜿蜒而

下都結水木出洋幹結踴躍而起都作火土金雖不可盡拘而大體有如是者前章一葬便興父發子榮是言山中支結龍稱而局窄往往易發此章言發福無休歇五子房房起是言出洋大盡龍老而局寬往往遲發而久長意在言表也

姜氏曰前章言山谷初落之穴此言出洋盡結之穴山龍之法雖不盡于此而大畧已備于此矣

【直解】上節言老龍幹結此節言出洋盡結大凡龍氣落平穿江渡河脫卸淨盡再起星峯者謂

之脫𢈓。又名出洋。氣勢踴躍。千變無窮。難於言狀。只可言其大概情形耳。

溫氏續解 此節說出大形大局千里來龍止歇。結穴情形。教人詳細看出軍州大地王侯將相之格。總括龍穴砂水之綱領。學者苟能參悟。不啻讀遍疑撼龍玉髓諸書矣。

天下軍州總住空。何曾撐著後頭龍。只向水神朝處取。莫說後無主。立穴動。靜中。間求。須看龍到頭。

蔣氏曰。此節以下。皆發明平洋龍格。與山龍無涉矣楊公唐末人唐之言軍州猶今之言郡縣也蓋以軍州爲證見城邑鄉村人家墓宅凡落平洋竝不論後龍來脉但取水神朝繞便爲眞龍憩息之鄉夫地靜物也水動物也水之所止即是地脉所鍾一動一靜之間陰陽交媾雌雄牝牡化育萬物之源所謂玄竅相通即丹家玄關一竅也此便是龍之到頭非舍陰陽交會之所而別尋龍之到頭也識得此竅則知平洋眞龍訣法而楊公寶照之秘旨盡矣看龍到頭有口訣

【直解】動靜二字其說有三一、山形水勢有陰陽動靜之分一、干支卦位有陰陽動靜之分一、天主動地主靜天地有陰陽動靜之分天主動即其至動之中亦有四時往來陰陽動靜之分地主靜即其至靜之中亦有起伏行止陰陽動靜之分天以靜而生地以動而成曉得至動之中有靜至靜之中有動看龍到頭之法過半矣立穴之法亦過半矣所云到頭者非山之到頭又非水之到頭正謂玄空生旺到水謂之到頭也此到頭二字乃空龍之妙訣當默默識之○隨時變易顛倒無定者謂之動止蓄團聚干支純粹謂之靜靜者安定于下動者流行于上觀其靜與動氣與質相配相得之處便是到頭註云另有口訣大畧如是

溫氏續解

郡縣之地並無靠着高山後頭之龍譬喻人家墓宅平洋之地只要取水之曲折環抱有情水中有氣焉立穴動靜中間求者即中五立極無論在何地而用事之處即爲立極

一運子山午向

黃公即妙應 寬蕃註

立極既定然後看準應用何山何向如一運用子山午向以一入中順挨午上是五子上是六以向上之五入中逆行九宮午上得一即爲龍到頭一運屬坎龍之氣玄空山向對待陰陽交媾在中五由中五交媾化氣流行之坎一排到午上豈非坎龍運行變化之氣到午上爲到頭乎是方有水爲旺則吉坐山亦然然靜爲形體動爲空氣形氣相生相合亦爲到頭也

楊公妙訣無多說因見黃公心性拙全憑掌上起星

辰。類聚裝成爲妙訣。大山喚作破軍星。五星所聚脉難分。但看出身一路脈。到頭要分水土金。又從分水脈脊處便把羅經照出路。節節同行過峽眞前去必定有好處。子字出脈子字尋。莫教差錯丑與壬。若是陽差與陰錯。勸君不必費心尋。

蔣氏曰自此章以下皆楊公平洋秘訣。字字血脈。而又字字隱謎。非眞得口口相傳。天機鈐訣者。未許執語言文句。方寸羅經。而妄談二十四山八卦九星之理也。茍得口傳心受。則雖愚夫穉子。可悟楊公心訣。不得口傳心受。縱智過千。夫讀破萬卷。何能道隻字耶。此書乃楊公當日裝成掌訣傳與黃居士妙應者。大山喚作破軍星言水法渙散迷茫之處。五星混雜。出脉未見分明。概名之曰破軍。而不入龍格。只取龍神一路出身之脉。其脉又分水土金三星。合貪巨武爲吉。而餘星皆所不取。此三星者。乃形局之星。非卦爻方位之貪巨武也。學者切莫誤認。自分水脈脊以下。乃屬方位理氣矣。故云便把羅經照出路也。蓋看得水神龍脉。既合三吉星格其地似可取裁乃將指南辨其方位以定卦之合不合也合卦則用之不合卦仍未可用也節節同行卦無偏雜乃許其爲過脈峽眞而知前去定有好穴不然則行龍先見駁雜到頭何處剪裁子字以下乃直指看龍訣法而舉坎卦一卦爲用若出脈是子字須行龍只在子字一宮之內乃爲卦氣清純如偏于左而癸與丑雜是子癸一卦而丑字又犯一卦也如偏于右而壬與亥雜是壬子一卦而亥字又犯一卦也此爲卦中之陽差

陰錯非全美之龍故云不必費心尋也。

直解 水法渙散之處五星混雜卦爻錯亂最難分辨只要貼身小水引動龍神有千流萬派都歸此小水之情狀者卽是一路出身脉也此水之星體情形方位干支曲直動靜須辨合與不合星體合吉則用之不合則不必用之所謂子字出脉子字尋總言看龍之法理氣之要稍有不合卽是陰差陽錯之龍矣

溫氏續解 此節掌上起星辰卽洛書九氣玄

空順逆顛倒在掌上排出何方旺何方衰之能可取裁子字出脉子字尋者三义口之水須要在一卦之內若出卦即卦氣不一旺衰亦殊所以大山喚作破軍者水法之不成星體湖蕩大河瀰漫襍亂之處須要收入小水方有水土金之三格有此吉格然後將指南辨其吉凶也水曲土方金圓之地水法爲吉格若直木尖火爲平洋大忌所以到頭要分水土金大河流入小河之三义水城處即龍氣進口之處最忌卦爻

夾襍至到頭結穴地方有水土金之三格可用若尖直木火之體平洋最忌若三义進氣之處陽差陰錯結穴之處木火凶格所謂勸君勿必費心尋也學者細心揣摹毋忽

子癸午丁天元宮卯乙酉辛一路同若有山水一同到半穴乾坤艮巽宮取得輔星成五吉山中有此是眞龍

蔣氏曰此承上節羅經照過峽詳言方位理氣即天玉玄空大卦之作用也其法分子午卯酉爲天

元宮寅申巳亥爲人元宮辰戌丑未爲地元宮隱然天元之妙理引而不發欲使學者得訣方悟其敢妄泄天秘犯造物之忌哉此取四仲之支爲天元宮者非此四支皆屬天元乃謂此四支之中有天元者存也而其本文又不正言子午卯酉乙辛丁癸必錯舉子癸午丁卯乙酉辛者此其立言之法已備出脉審峽定卦分星之密旨觀一路同三字同中微異須加剖別已在言外下文乃全露其機云此八宮同到半穴乾坤艮巽宮矣一同到非

謂此八宮一同到也亦非謂八宮之山與八宮之水一同到也謂此四支中任舉一支與此四干中一干比肩同到即雜乾坤艮巽之氣矣蓋子午卯酉本是四正之龍而與八支同到即有一半四隅之龍不可不辨辨之不清則欲取天元而非純乎天元矣末二句輔星五吉指天元宮最親者言蓋天元龍雖包諸卦而九星止有三吉恐日久發洩太盡末亂衰微故須兼收輔弼宮龍神合氣入穴以成五吉然後一元而兼兩元龍力悠遠不替矣

故目之曰眞龍極其贊美之辭也此節言山者皆指水蓋平洋以水爲山水中即有山矣輔星即是九星中左輔右弼蓋有二例一則九宮卦例以一白配貪狼二黑配巨門三碧配祿存四綠配文曲五黃配廉貞六白配武曲七赤配破軍八白配左輔九紫配右弼此天玉經玄空大卦之定理也一則八宮卦例將輔弼二星并一宮分配八卦製爲掌訣二十四山系於納甲之下互起貪狼爲立向消水之用陽宅天醫福德亦同此訣竊以之彰往

察來皆無明驗蓋即天玉所辨二十四山起八宮唐一行所造後人指爲滅蠻經者也二說眞僞判然不可誤認五吉即三吉蓋形局九星以水土金三星爲貪巨武三吉而輔弼爲入穴收氣之用方位九星亦有三吉雖以貪狼統龍而每宮自有三吉不專取巨武此節天元宮兼輔爲五吉中有隱語非筆墨所敢盡既云五吉則分輔弼作兩星以配九宮其非八宮之訣明矣若在人地兩元別有兼法見諸下文此節以下所舉干支卦位俱帶隱

謎。若從實推詳。不啻說夢。非楊公言外之眞旨矣。

直解註云。輔星天元宮之最親者。其言微乎妙乎。使人不易測識耳。楊公又云山中有此是眞龍。明明指我在水中。又不在天元之水中。正在天。元。最。親。最。近。之。水。中。然取于六八者非也。所云一同到者。一宮之水全到也。細玩其子癸午丁卯乙酉辛。輔弼已在言外矣。同到即巳丙亥壬申庚寅甲。丁未癸丑。乙辰辛戌之同到一同到。則卦爻雜亂。陰陽差錯。吉中有凶。不成美器

矣差錯之所雜亂之方須挨輔星以補之是輔星雖非當令之星亦能先時補救化凶而爲吉者也所云取得輔星即此之謂歟

溫氏續解 子午卯酉爲天元宮非此四支皆屬天元而四支之中有屬天元者乃子之一字爲天元天開於子也寅申巳亥四支辰戌丑未四支之中乃人生於寅地闢於丑所以寅爲人元丑爲地元也子癸午丁卯乙酉辛陰陽一氣以備出脉審峽界淸卦氣不雜如子癸出脉即

爲之清淨若襍丑字之地元則卦氣不一已屬兩元若襍壬字雖在一卦陰陽之氣已巽星辰不能淨一合元總以玄空流行無形之氣爲主山水一同到者元空流行二四六八之氣或有挨到子午卯酉之上豈非一半之穴已屬乾坤艮巽之氣欲收一元三吉既不能清淨已雜四隅之龍而作者之妙用既立天元之山向應要兼收人地爲五吉輔星乃幫扶一元三吉恐旺氣已過故預先按排他元之輔星其衰氣既來

上元一二三之處
水法得力又須
六八之氣
合同入穴
中元四五六之處
水法得力又須
一九合氣入穴
下元七八九之處
水法得力又須
二四合氣入穴
此五吉之氣

倘有補救之星爲輔雖值衰替不能爲患人地兩元所以必須兼着貪狼上元之氣如時值七八運須兼上元之一時值二三運先要接排八九之輔星四六兩運或接上元或接下元均以上下兩元之主星爲輔也成五吉者如上元一二三之處水法得力固當令矣又須六八之氣合同入穴即水法龍氣之眞四五六之中元要取一九合氣入穴七八九之下元又要二四合氣入穴此五吉之氣活潑潑地總看體格之可

用與否再以玄空流行無形之九氣與時合否則去取之權在我掌握矣輔星者補救悠遠之法也

辰戌丑未地元龍乾坤艮巽夫婦宗甲庚壬丙爲正向脉取貪狼護正龍

蔣氏曰此取四季之支爲地元龍者亦謂此四支中有地元龍者存也此四支原在乾坤艮巽卦內故曰夫婦宗此元氣局逼隘不能兼他元爲五吉止取貪狼一星眞脉入穴護衛正龍根本則卦氣

未值其根不搖卦氣已過源長流遠斯爲作家妙用貪狼即在甲庚壬丙之中故但于此取正向乘正脈與天人兩元廣收五吉者有殊不言輔星輔弼已在其中故也楊公著書泛論錯舉之中其金針玉線一絲不漏蓋如此

直解 地元即下元逼隘非形局之逼隘氣運之逼隘故不曰五吉而曰護正龍即八九一之謂也然在此時不曰五吉者何也謂下元未盡令星弗得弗用上元將交貪又弗得弗用若兼巨

武而爲五吉。則吉凶參半。非但不能爲福。適足致禍。所謂凶多者。凶勝吉也。豈非與天人兩元。取五吉者有殊。作家不可不辨。

溫氏續解 辰戌丑未。本屬地元。在乾坤艮巽卦內。故曰夫婦。甲庚壬丙之向。要玄空排於辰戌丑未之上。故曰正向。玄空之中。有貪狼排於辰戌丑未四支。無論何支。得一白貪狼者。即地元八九運中。雖氣局逼隘。已得一白上元之氣。下元氣運固盡。有上元接氣補救。正龍有護。不致衰替矣。

寅申巳亥人元來。乙辛丁癸水來催。更取貪狼成五吉。寅坤申艮御門開。巳丙宜向天門上。亥壬向得巽風吹。

蔣氏曰。此四孟之支。亦屬四隅卦。此四卦中有人元。龍者存也。天元之後。即應接人元。楊公因三才三正之序。顛倒錯列。亦隱秘其天機。使人不易測識耳。此元龍格亦必兼貪狼而後先榮後凋。若不兼貪狼。慮其發遲而驟歇矣。用乙辛丁癸水催之

者謂此四水中有貪狼也此宮廣大兼容故旁及
坤艮亦所不礙故曰御門開若是巳丙壬亥相兼
則犯陰陽差錯之龍矣法宜去丙就巳去壬就亥
以清乾巽之氣此則專爲人元辨卦而言處處欲
要歸一路蓋一路者當時直達之機兼取者先時
補救之道不直達則取勝無先鋒不補救則善後
無艮策二者不可偏廢也總觀三節文義子午卯
酉配乙辛丁癸辰戌丑未配乾坤艮巽爲夫婦同
宗而寅申巳亥獨不配甲庚壬丙爲夫婦則其本

意不以甲庚壬丙。屬寅申巳亥可知矣。此正合天玉大五行作用。而非十二支。配十二干爲一路之俗說也。故不曰寅申坤艮而曰寅坤申艮非以寅爲坤以申爲艮也。巳屬巽。而反曰天。亥屬乾。而反。曰。巽。風顚倒裝成。其託意微而且幻。類如此。至其立言本旨。不過隱然說出陰陽交互之象。然篇中皆錯舉名目。不肯分明。至後節主客東西方露出端倪。而終不顯言。先賢之毖慎如此。使我有浪泄天機之懼矣。

【直解】人元自有人元合運之山水自有人元合運之星辰體用俱合人元僅有三吉四吉此云五吉者何也謂當時直達之星辰已得再取貪狼一星合成五吉以補悠遠用法之至要者也乙辛丁癸水來催者非謂此四水盡屬人元又非謂有此四水即是貪狼正謂在是元用是山收是水或丁或乙或癸或辛有得貪狼者在耳御門開即兼通出卦之意蓋申與庚巳與丙亥與壬俱屬貼鄰易犯差錯之宮或巳出於丙告

我向之以天門亥或雜于壬又令吹之以巽風
楊公教人補救直達深切著明至矣盡矣○輔
亦可兼弼亦可兼諸星亦可兼貴在各乘其時
耳先將當元之令星用得安妥再將先時補救
之策或兼貪或兼輔多兼則元運不一吉凶參
半註云欲取天元而非純乎天元欲取地元又
非純乎地元蓋謂此也總觀三節文義兼法俱
要隨時酌量宜兼貪則兼貪宜兼輔則兼輔全
在作者隨時兼取隨地變通耳

溫氏續解 寅申巳亥本屬人元玄空排去寅申巳亥上有得乙辛丁癸之水此四干中有一白貪狼者在人元支中已得上元星辰之氣即一元而得兩元之力五吉即中元之四五六一爲上元九爲下元三元之氣旺衰可接而勿替故曰更取也寅坤申艮卦雖錯舉數則均在二八兩卦陰陽一氣不襍故曰御門開巳丙亥壬乃出卦之向若四六兩運用之卦雖出而當令之旺星可以同到卽能兼用故曰巳丙宜向天

門。亥壬向得巽風。雖屬出卦。原有可用之時。無非顛倒之中。仍有妙用也。

貪狼原是發來遲。坐向穴中人未知。立宅安墳過兩紀。方生貴子好男兒。

蔣氏曰。貪狼諸卦之統領。得氣先而施力遠。何云發遲。此言人地兩元兼收之脉。不當正卦。傍他涵蓄。故力不專。是以遲也。兩紀約畧之辭。生貴子。正見誕育賢才。以昌世業。隱含悠久之義。非若他宮一卦乘時。催官暫發之比。若夫應之遲速。是不一

端烏可執此爲典要也

直解 上數節言人地兼貪最易發福此云發遲者何也謂貪狼雖非人地兩元主運之星却能補偏救弊先榮後凋故曰遲也坐向言坐山向首之排龍也坐山向首之排龍或排貪狼到山或排到向首或排到水口三乂奇峯貴砂定主產賢才昌世業發福無休無歇也

溫氏續解 貪狼本屬上元一運之主星若人地兩元用之豈非待其當旺而爲時已久故曰

發來遲陰陽兩宅雖用於人地兩元之時必待貪狼得令當旺自能方生貴子好男兒也此原先時補救之法非謂當令言也

立宅安墳要合龍不須擬對好奇峯主人有禮客尊重客在西兮主在東

蔣氏曰山龍眞結必對尊星而後出脈或迴龍顧祖或枝幹相朝先有主峯乃始結穴故必以朝山爲重非重朝山正重本身出脉眞僞也平洋旣無來落但以水城論結穴水自水山自山雖有奇峯

竝非一家骨肉向之無益故只從立穴處消詳堂
局收五吉之氣謂之合龍而不以朝山爲正案也
末二句乃一篇之大旨精微玄渺之譚所謂主客
又不止於論向而指龍爲主人向爲賓客也主客
猶云夫婦實指陰陽之對待山水之交媾一剛一
柔一牝一牡玄竅相通皆在於此言有此主便有
此客有此客便有此主主客雖云二物實一氣連
貫如影隨形如谷答響交結根原一息不離非謂
既有此主乃更求賢賓以對之也東西蓋舉一方

而言亦可云主在西兮客在東亦可云主在北兮客在南主在南兮客在北八卦四隅無不皆然所謂陰陽顛倒顛也自天下軍州至此統論平洋龍法其中卦位干支秘訣總不出此二語故于結尾發之以包舉通篇之義學者所當潛思而曲體之者也

姜氏曰寶照發明平洋龍格開章直喝天下軍州總坐空何須撑著後頭龍大聲疾呼朗吟高唱此爲楊公撰著此書通篇眼目振綱挈領之處不可

泛泛讀過蓋平洋龍格舉世所以茫然者只因俗師聾瞽將山龍瀏入無從剖辨觸處成迷也平洋之作法既迷幷山龍之眞格亦謬失其一幷害其二矣楊公苦心喝此二語醒人千古大夢使知平洋二宅不論坐後來脉凡坐空之處反有眞龍坐實之處反無眞龍與山龍之胎息孕育截然相反欲學者從此一關打得透徹更不將剝換過峽高低起伏馬跡蛛絲草蛇灰線等字纏擾胸中只在陰陽大交會處悟出眞機而后八卦九星干支方

位以次而陳絲絲入扣平龍消息始無罣漏之處平龍既無罣漏而山龍亦更無罣漏矣倘不明此義只將後龍來脈膠葛糾纏則造化眞精何從窺見雖授之以八卦九星之奧亦無所施也窮年皓首空自芒芒高山平洋總歸魔境我于是益嘆楊公度人心切也後篇所以覆舉二語重言以申明之意深切矣

此篇前十二句爲一章言深山支龍之穴中三十四句爲一章言幹龍脫殺出洋之穴此二章皆屬

山龍後四十六句分七節爲一章言平洋水龍之穴。

直解 山龍看主山朝案以辨龍體之眞僞平洋對三义察血脉以認來龍之得失山洋一定不易之法也要合龍者觀九曜之合不合也奇峯者尖秀挺拔之峯也合元微則對之不合則不必對之所云主東客西卽陽水陰山顛倒顛之義主人有禮者龍眞氣旺也龍果眞氣果旺前後左右輔從則加之美名如龍微氣衰雖有奇

峯貴砂卽改爲惡曜所以本主興隆殺曜變爲文曜龍身微賤牙刀化作屠刀卽此之謂也○已上數節都屬半含半吐、但吞吐之間、有深意存焉、讀者當細心參考、自有所得也、

溫氏續解 陰陽兩宅要合龍者山龍以山爲主高低起伏主山朝案左右龍虎論其山龍之結穴眞僞玄空五行亦以排山爲主向爲客平洋以水爲龍要論水城之灣環曲折抱繞有情無漏泄冲射亦論結穴之眞僞玄空五行以排

向爲主坐爲客雖有奇峯貴砂與平洋水龍無涉所以不須擬對也主客卽山向之對待卽陰陽之交媾姜氏所謂陰陽大交會處悟出眞機者交會處卽中五也以山向對待之卦數交媾於中五玄空流行顚倒挨排何方有山有水吉何方有山有水凶豈非主人有禮客亦尊重主在東兮客在西主在南兮客在北乎前章露出此節無非皆以中五交媾之所爲入用眞機而運動八方須知山水二龍之分用山有山之用

法水有水之用法切勿相混天機秘密一中五已漏泄矣學者苟能潛思中五之妙用一部辨正之精微奧妙悉在其中也

中篇

天下軍州總住空何須撐著後來龍時人不識玄機訣只道後頭少撐龍大凡軍州住空龍便與平洋墓宅同州縣人家住空龍千軍萬馬悉能容分明見者猶疑慮龍不空時非活龍教君看取州縣場盡是空龍撥擺蹤莫嫌遠來無後龍龍若空時氣不空兩水

界龍連生窩穴得水兮何畏風但看古來卿相地平洋一穴勝千峯

蔣氏曰天下軍州二語前篇已經喚醒楊公之意猶恐後人見不眞信不篤姑反覆咏嘆層層洗發窮追到底罄其所以然之故又恐概說軍州大勢尙疑人家墓宅或有不然故指實而言軍州如是墓宅亦無不如是只勸世人揀擇空龍切勿取實龍作撐也所以然者何也山龍只論脈來平洋只論氣結空則水活而氣來融結實則障蔽而生氣

阻塞肉眼但見瀰漭平田毫無遮掩疑爲坐下風吹散氣之地不知水神界抱陽氣冲和平洋之穴無水則四面皆風有水則八風頓息所謂氣乘風則散界水則止古人之言正爲平洋而發也

直解 楊公恐人不信空龍之說特引州縣城池爲証然州縣城池未必盡屬後空人家墓宅亦非以坐空爲是坐實爲非只要坐空得坐空之五行坐實得坐實之五行方合龍空氣不空龍實氣不實之妙用中言得水承上文龍空氣不

空龍實氣不實而申言之也此謂得者非以左右有水謂得亦非以前後有水謂得以所有之水得挨星生旺謂得也

前節已經明言平洋以水爲龍教人切勿以山法下求平水此節重言申明平洋須要坐後有水爲之騎龍亦爲之龍空氣不空

溫氏續解

水中有氣水爲動物吉凶悔吝比山龍更速山主靜其應緩也然坐後之水要灣環兜抱爲吉若斜飛反跳直射無情雖與元運相合生旺亦

爲凶斷。直解固謂後實有時可用者。要山上排龍。排到坐後得當旺之星。卽雖後實。亦可用也。若水裡排龍。排到坐後實地高山。得當旺之星。卽不可用矣。水裡排龍卽向首排龍也。但平洋終須後空爲久。而後實雖有時可用。究竟不免掩蔽陽和。雖發不久也。所以山龍排山爲主。水龍排向爲主。坐山乃地陰之氣。向首乃天陽之氣。山與水。陰與陽。旺與衰。升與降。要用之各得其宜。而玄空活用之奧。平洋墓宅之秘。思過半

子午卯酉四山龍。坐對乾坤艮巽宮。莫依八卦陰陽

矣。

取。陰陽差錯敗無窮。百二十家渺無訣。此訣玄機大

祖宗。來。龍須。要。望。龍。穴。後。若。空。時。必。有。功。帝座帝車

竝帝位。帝宮帝殿後當空。萬代侯王皆禁斷。予今隱

出在江東。陰陽若能得遇此。蚯蚓逢之便化龍。

蔣氏曰。此明八卦之理。即前子午卯酉。屬坎離震

兌四卦。乾坤艮巽又四卦之義也。所。謂。坐。對。非。指。

山。向。蓋四正卦與四陽卦。兩兩相對。故云然也。八

卦陰陽者指八卦五行以乾卦領震坎艮三男而屬陽坤卦領巽離兌三女而屬陰此先天之體非後天之用以之論陰陽則差錯而敗不勝言矣譚陰陽者百二十家皆此是彼非渺無眞訣惟有玄空大卦乃陰陽五行大祖宗聖聖相傳非人勿示也識得此訣雖帝王大地瞭若指掌特禁秘而不敢言耳楊公自言既得至道不敢炫燿於世故披褐懷玉抱道無言然天寶雖秘惜而救世之心未嘗少懈曾于天玉經江東一卦諸篇隱出其旨世

之好陰陽者有緣會遇信而行之頃刻有魚龍變化之徵也或云楊公得道之後韜光晦跡背其鄉井隱於江東俟考

【直解】子午卯酉指地之四正而言乾坤艮巽指空之四維而言非必拘定要坐對乾坤之位只要玄空坐對二四六八便是陰陽二宅若能合此玄機自有魚龍之變化下文辰戌丑未甲庚壬丙即此意也〇地氣南北不同山洋迥異即性之剛柔氣之老嫩亦隨處而各別者也切不

可拘泥、有誤天地生成之妙也、地有相去數郡、高卑無二者、亦有相去數里、厚薄適異者、亦有相去數步、而老嫩懸絕者、總要隨地取裁、不可執一、即坐水向水、後空後實、亦要各得其宜爲妥、切不可拘泥、後空爲是、後實爲非、亦不可拘拘後高爲是、後空爲非、總要隨地適宜、高低各得爲是、所謂泥於古者、必不能愈今疾、拘於方者、決不能治遠人、即此之謂歟

溫氏續解

子午卯酉以定位之坎離震兌言。

乾坤艮巽。指玄空流行者言。若以定位言之。乾坤艮巽。何能坐對子午卯酉也。明此卦與數之動靜。豈非此訣。乃玄機大祖宗。平簡而言之。子午卯酉。即洛書之一九三七為靜。乾坤艮巽亦洛書之二四六八為動。靜主體而動主用。以動之數。流行於靜之體。明此玄空陰陽體用之法。自有蚯蚓化龍之妙。直解明言。若以八卦之呆陰陽。不論玄空之活陰陽。即陰陽差錯而敗不勝言矣。

子午卯酉四山龍支兼干出最豪雄乙辛丁癸單行脈半吉之時又半凶坐向乾坤艮巽位兼輔而成五吉龍

蔣氏曰此皆楊公隱謎舉四正爲例若行龍在子午卯酉四支長流不雜雖兼帶干位總不出本卦之內其脉清純故云最豪雄也若乙辛丁癸雖屬單行未免少偏卽犯他卦所以吉凶參半也言子午卯酉而乾坤艮巽不外是矣言乙辛丁癸而甲庚壬丙不外是矣辨龍既清乃於諸卦位中隨便

立向。則又以方圓爲規矩。而未嘗執一者也。

【直解】此四卦重支之卦、支兼干出、即子癸午丁、卯乙酉辛、若乙辛丁癸、而無子午卯酉兼出者、即謂之單行脉也、單行之脈、稍有一偏、即出他卦、行龍出卦、恐生旺不一、吉凶無定、所云坐向乾坤者、非必拘定坐向乾坤之位。只要天元取輔。人地兼貪。全收五吉之氣。也單行之脉。雖易出卦。有心者。倘遇此種來龍來脉。龍穴眞的者。切莫棄而不取也。只要用得五吉。合得三星。其

吉更勝于一卦清純者矣

溫氏續解 此節明說不可兼向出卦若用乙辛丁癸之獨向稍兼子午卯酉爲一卦清靜陰陽一氣廣大兼容如果少偏於辰戌丑未即爲出卦衰旺不一半吉半凶必矣而甲庚壬丙不外是也寅申巳亥若兼乾坤艮巽亦爲陰陽一氣若兼甲庚壬丙又爲出卦衰旺不一半吉半凶矣兼輔而成五吉前節之天元取輔人地兼貪無非上元要兼中下元之星中下兩元要兼

上元之星庶幾補接元運不致驟衰否則恐一到失元之時即敗不勝言玄空無形流行之氣雖則如此亦須地體之山水要用得合法也

辰戌丑未四山坡甲庚壬丙葬墳多若依此理無差謬清貴聲名天下無爲官自有起身路兒孫白屋出登科八卦不是眞妙訣時師休把口中歌敗絕只因用卦差何見依卦出高官陰山陽水皆眞吉下後兒孫禍百端水若朝來須得水莫貪遠秀好峯巒審龍若依圖訣葬官職榮華立可觀

蔣氏曰此指四隅龍脉而言而舉辰戌丑未爲隱謎也謂此等行龍而取甲庚壬丙向者甚衆必須龍法純全向法合吉毫無差謬而後清貴之名卓于天下也起身路正指來龍之路八卦本是眞訣而誤用則禍福顚倒故云非妙訣後章八卦只有一卦通乃始微露消息矣收水之法向云陽用陰朝陰用陽應乃卦理至當不易之言而竟有陰山陽水陽山陰水反見災禍者則辨之不眞陽非陽而陰非陰也得水二字世人開口混說然非果識

天機秘旨收入玄竅之中雖三陽六建齊會明堂虎抱龍迴涓滴不漏總未可謂之得若知得水眞訣即陰陽八卦之理示諸斯乎莫貪遠秀好峯即上篇已發之義致其叮嚀之意云爾

【直解】甲庚壬丙是隨時變易之甲庚壬丙非四維八干不易之甲庚壬丙讀者切莫誤認此理云者是山上水裏陰陽相配之理也山上水裡果能交之以陽配之以陰清貴聲名自然流傳天下八卦九星本是眞訣而此獨非者何也申

言板格之非也在地爲八卦九宮在天即是北斗九星隨氣流行隨時變易往來無定者也拘拘於呆法變易者反以爲不易無定者執以爲有定所謂陽者非陽陰者非陰故謂之不眞所謂得水者非諸家五行之所謂得又非上元必須離水下元必須坎水之所謂得也此所謂得者是玄空之得謂得也夫辰戌丑未是四維八干不易之定位甲庚壬丙是周流六虛隨時而在之甲庚壬丙一空一實必須揣摩而得有形

之質靜而不移。無形之氣動而不息。一動一靜。一陰一陽相爲表裡。一往一來。一山一水兩相配合。官職榮華自能立見矣。

溫氏續解　辰戌丑未。配甲庚壬丙。爲地元卦也。辰戌丑未。爲方位不易之體。甲庚壬丙乃玄空流行無形之氣。時在下元。立辰戌丑未之向玄空流行之甲庚壬丙。排到辰戌丑未之上。何方得旺。何方值衰。旺星放在水裡。衰星放在山上。謂之陽水陰山。此指向上排龍。若山上排龍。

又須旺星放在山上。衰星放在水裡。謂之陽山陰水。如此則山水合法。清貴聲名傳聞天下。若論八卦之呆方位。卽不是妙訣。要玄空流行之八卦九星。卽爲眞訣也。若僅知板位之八卦九星。豈非用差而敗絕哉。陰山陽水本吉。若上山下水。顚倒誤用。子孫豈能免禍乎。水爲陽主動吉凶應驗甚速。遠秀好峯。其實與水法無涉。故曰莫貪也。下文八卦則有一卦通明明玄竅在於中五須審自明。

玄機妙訣有因由向指山峯細細求起造安墳依此訣能令發福出公侯眞向支山尋祖脉干神下穴永無憂寅申巳亥騎龍走乙辛丁癸水交流若有此山并此水白屋科名發不休昔日孫鍾阡此穴從此聲名表萬秋

蔣氏曰通篇皆言平洋此章乃挿入山峯者何也蓋八卦九星乃陰陽之大總持故凡有山之水可以不論山而有水之山不能不論水若遇山水相兼之地未可但從山龍而論還須細細尋求亦必

合此玄空大卦之訣而后墓宅產公侯也祖脉必要支山蓋從四正而論下穴立向則不拘干支矣此祖脈乃玄空之祖脉非山龍之來脉也讀者切勿錯認寅申巳亥乙辛丁癸俱屬易犯差錯之龍故曰騎龍走水交流文有殊義無別此山此水而科名不歇者不犯差錯故也孫鍾墓在富陽天子崗本山龍而收富春江長流之水故引爲證

直解上四句言體用兼到之妙中二句承上文而言祖脈此祖脈非太祖少祖山龍之來脉又

非干支公孫子母之祖脉。此祖脉。乃玄。空之祖。脉。所謂。天。心是。也。數語當細細察之。如乙辛丁癸。寅申巳亥。卽上文所謂甲庚壬丙。辰戌丑未之意。時師都謂此山此水。易犯差錯之龍。皆棄之不取。不知此山此水。亦有發福者。特引孫鍾墓爲證。經云、八。方。位位有眞龍。爻。象干。支。總一。同。蓋謂此也。

溫氏續解 玄機因由細求山向之用法尋祖脉者。卽尋中五也。要將玄空對待之山向。均入中五交媾依洛書九數陰陽順逆尋去水口三乂有干神之旺星排在此處即爲永無憂之吉也寅申巳亥即前章辰戌丑未不易之方位要排玄空流行之乙辛丁癸干神得旺到向或到水口三乂山上水裡處處合法白屋可出公卿孫鍾之墓爲証也玄空之祖脉所謂天心是也天心即天運玄空大卦之一隻眼乃中五也學者勿忽此三節方說出子午卯酉配乾坤艮巽辰戌丑未配甲庚壬丙寅申巳亥配乙辛丁癸

十二支配十二干。陰陽相錯。天地人三元之三卦也。

來龍須看坐正穴。後若空時必有功。州縣官衙爲格局。必然清顯立威雄。范蠡蕭何韓信祖。乙辛丁癸足財豐。亥壬聳龍興祖格。巳丙旺相一般同。寅申巳亥等五吉。乙辛丁癸四位通。紫緋畫錦何榮顯。三牲五鼎受王封。龍囘朝祖玄字水。科名榜眼及神童。後空巳見前篇訣。穴要窩鉗脈到宮。試看州衙及臺閣。那個靠著後來龍。砂揖水朝爲上格。羅城擁衛穴居中。

依圖取向無差誤不是王侯卽相公。

蔣氏曰後空之旨屢見篇中而此章又反覆不已者蓋後空不但無來脉而已并重坐下有水乃謂之活龍擺撥而成眞空有氣也故首句云坐正穴實指穴後有水取爲正坐也古賢舊蹟往往如此遍地鉗所謂杜甫盧仝李白祖此又引范蠡蕭何韓信總合此格下列諸干支言不論是何卦位只要合得五吉收歸坐後發福如許爾故下文卽接迴龍朝祖玄字水分明指出前朝曲水抱向穴後

乃回龍顧祖之格也神童黃甲必可劵矣篇中又自言後空之訣已見前篇然恐人誤認只取坐後無來脉便云有氣不知穴後必須水抱成窩鉗之形而後謂之到宮若但云空耳非坐水之空空何貴焉砂揖水朝羅城擁衞皆就水神而論穴正居中指坐穴也此節直說出王侯將相大地局法非泛論也

直解　上節言山龍干神坐實之法此節言平洋五吉坐空之奥一山一水一空一實中言坐空

坐實用法之不同也然後空之說前已詳言此又重言者何也恐人誤認不察水之幹枝向背也穴後之水必要枝流拱向得神抱繞有情再坐之以五吉此即謂正穴又謂到宮所云巳丙亥壬總言不論是何卦位是何干支只要合得五吉毫無差謬神童黃甲卿相公侯有得之若操劵者矣楊公恐人不信特引蕭韓祖墓爲證坐正穴者即不偏不倚不上不下不浮不沉之謂也後空非以穴後有水謂空用法水彿得即

謂空如穴後有水而金龍到頭此謂龍空氣不空所謂脈到宮者即此意也

溫氏續解 此節山龍穴後要有落脉爲正坐平洋穴後要有水神抱繞爲坐正穴又須以玄空五行排到坐後得生旺爲之眞後空亥壬巳丙雖屬出卦則要玄空五行俱得生旺卽爲地卦出而天卦不出亦不可棄而不取寅申巳亥言不易之定位乙辛丁癸言流行之干神寅申巳亥上惟乙辛丁癸四干龍可玄空排到乾坤

艮巽甲庚壬丙則玄空排去不合故曰乙辛丁癸四位可通後空之要前篇已詳言之此節重言教學者勿忽平洋作法後空為緊要州縣郡省並非靠着後龍以水法為重也餘詳傳解細玩自得

天機妙訣本不同八卦只有一卦通乾坤艮巽遲何位乙辛丁癸落何宮甲庚壬丙來何地星辰流轉要相逢莫把天罡稱妙訣錯將八卦作先宗乾坤艮巽出官貴乙辛丁癸田庄位甲庚壬丙最為榮下後兒

孫出神童未審何山消此水合得天心造化工

蔣氏曰一部寶照經不下數千言皆半含半吐至此忽然漏泄蓋陰陽大卦不過八卦之理而篇中乃云八卦不是眞妙訣者正爲不得眞傳不明用卦之法故也而其所以不明用卦之法者皆因泛言八卦而不知八卦之中止有一卦可用故也大五行秘訣不過能用此一卦即從此一卦流轉九星便知乾坤艮巽諸卦落在何宮二十四干支落在何宮而或吉或凶指掌瞭然矣俗師不得此訣

安立五行。有從四墓上起天罡。以爲放水出煞之用。如何合得八卦之理。夫收得山來。乃出得煞去。不知一卦作用。山旣無從收。一卦不收。諸卦干支又何從流轉九星。求純棄駁而消水出煞乎。今人但知二十四山。處處可出官貴。處處可旺田庄處處可出神童。而不知二十四位水路交馳。果下何卦。收何山。乃消得此水出得煞去。夫旣不能收山出煞。則其談八卦。論干支。皆胡言妄說而已。何以契合天心。而造化在手也。天心。卽天運。非善人合天之家不能遇也大五行所謂一卦即指天心正運之一卦也篇中露此二字其間玄妙難以名言楊公雖指出天心一卦之端而其下卦起星之訣究竟未嘗顯言則天機秘密須待口傳不敢筆之于書也

姜氏曰篇中八卦干支縱横錯舉原非實義細玩此節何位何宮何地等句即知經文皆屬活句非死句也我師于前篇註中切戒學者毋得執定方位意在此爾凡讀楊公書者當知此意非獨寶照

而已天玉青囊無不皆然

直解 一卦者一元一卦即天心正運之一卦也能用此一卦則知乾坤艮巽落在何宮二十四干支躔在何地或陰或陽或順或逆或左或右指掌瞭然矣不識此卦誤認五行八長生四墓庫左旋右轉以爲放水出殺之用不亦謬乎知此一卦即知收得山來出得煞去不知此一卦則談八卦論干支皆糊言妄語而已豈能契合天心挽回造化哉

溫氏續解　天機妙訣則有一卦可通此一卦乃天心正運之一卦如一運坎爲一卦立極中五即爲天心順數坤二到乾逆數離九到乾順逆顚倒依數排去即知乾坤艮巽躔於何位乙辛丁癸落於何宮甲庚壬丙來於何地玄空之星辰既以流轉再以應用山向所得星辰之陰陽交媾於中五順逆挨排八卦二十四位干支何位得旺何位値衰何方應要有山何方應要有水山水旺衰既明而收山出煞亦在其中矣

收山者。卽收生旺到水出煞者。卽出衰星到山。此以排向而言。若排坐山。卽收生旺到山。爲之收山出衰星到水。爲之出煞。若八方之山水旺衰各得。亦爲之收山出煞也。如立乾坤艮巽之山向。乃卦之中氣。力量較大。所以可出官貴。乙辛丁癸。卦之爻神。力量稍遜。尚與父母陰陽一氣。所以能致田庄之富。甲庚壬丙。雖亦爻神。與父母陰陽之氣不一。氣局更窄。且未免稍襍。所以則能爲榮而已。此辨立向卦之中氣爻神力量大小耳。

五星一訣非眞術。城門一訣最爲良。識得五星城門訣。立宅安墳定吉昌。堪笑庸愚多慕此。妄將卦例定陰陽。不向龍身觀出脈。又從砂水斷災祥。筠松寶照眞秘訣。父子雖親不肯說。若人得遇是前緣。天下橫行陸地仙。

蔣氏曰。前章既言一卦下穴。收山出煞之義。此章又直指城門一訣。楊公此論。眞可謂披肝露膽矣。蓋五星之用。其要訣俱在城門。識得城門而后五吉有用于此作二宅無不興隆者矣城門一訣與龍身出脉正是一家骨肉精神貫通能識城門乃能觀出脉能觀出脈便能識城門故笑世人不識此秘而妄談卦例從沙水上亂說災祥也此以下皆楊公鏤精抉髓之言得此便是陸地神仙父子不傳夫亦師傳之禁戒如是豈敢違哉

直解　察血脉認來龍對三义細認踪種種要訣所重在城門識得城門卽識龍來何脉矣城門卽水之交會處關繫禍福之所令星緊要之處

須得五吉三星補救直達斯爲盡善城門得城門之用法再合兼貪兼輔之妙兩美相合立宅安墳造化自在掌握矣

溫氏續解　水法之城門即三义進氣之處最爲緊要然倘非必定執於三义之水口爲城門或重水之到頭爲城門或重水之灣環闊大處爲城門總以水之有情力量大而用神緊要之所爲城門也山法亦以山之高大圓淨挺拔有奇爲城門或降下入首星辰到頭結穴之處爲

城門或兩砂齊會空處進氣之所爲城門用法
亦以玄空之天運挨排山向之旺衰爲吉凶也
父子不傳甚言玄空之秘耳

世人只愛週迴好不知水亂山顛倒時師但云講八卦却把陰陽分兩下陰山只用陽水朝陰水只用陽山收俗夫不識天機妙自把山龍錯顛倒胡行亂作害世人福未到時禍先到

蔣氏曰道德不云乎常無欲以觀其妙常有欲以觀其竅此正丹家所謂玄關一竅大道無多只爭

那些子故曰不離這個人身有此一竅天地亦有此一竅地理家須識此陰陽之竅今人只愛週迴好而不知那些子些子合得天機週迴不好亦好些子不合天機週迴雖好皆無用矣陰山陽山陰水陽水皆現成名色處處是死的惟有那些子是活的些子一變陰不是陰陽不是陽陰可作陽陽可作陰故曰識得五行顛倒顛便是大羅仙世人不諳天機誤將山龍來脉牽合平洋理氣執定板格陰陽反成差錯乃眞顛倒也本欲造福反以賈

禍。楊公所爲惻然于中而有是書也。

【直解】週迴言前後左右前後左右龍穴砂水好不好、人人知之、如上山下水。顛倒錯用。時師從何窺見、且執定板法、如山從右轉者、水必宜左轉。山從左旋者、水必宜右到。以山崗尋龍尋脉之法。混入乎平洋理氣。禍之先到、不亦宜乎、註云那些子三字、指挨星生旺而言、城門得生旺、雖週迴不好、亦吉、如城門不得生旺、週迴雖好、皆無用矣、隨氣變遷、卽是那些子、氣化流行、物

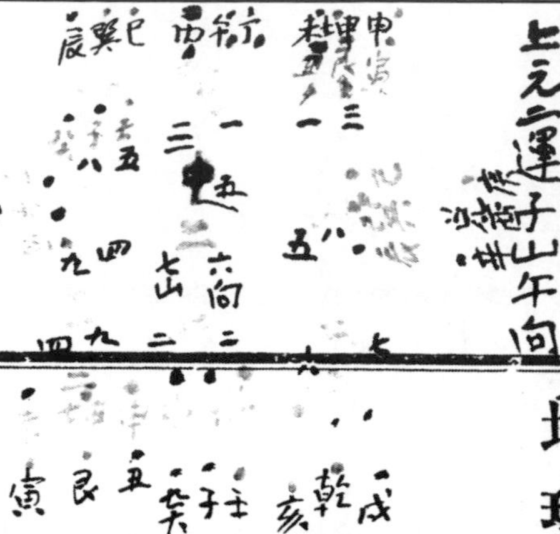

換星移亦是那些子所謂關竅者即此意也

溫氏續解　週圍好指龍穴砂水形體之美巒頭諸書已詳水亂山顛倒言玄空上山下水之訣用所以時師但講八卦板位之陰陽不知有玄空顛倒之陰陽胡行亂作求福反禍如二運之子午向以坤二入中順行震三到乾巽四到兌乾之板位屬陽玄空流行之震三屬陰兌之板位屬陰流行之巽四屬陽豈非陰不是陰陽不是陽陰可作陽陽可作陰乎那些子眞天地

之玄竅直解雖指挨星之生旺究竟未曾宣泄今發明之些子者中五也八卦陰陽對待均由中五交媾依數順逆挨排若生旺之星排到水口三义有權有力處即爲之些子合得天機遇衰死即爲不合天機人身有此一竅亦二五媾精之義其竅悉在中五變化也明矣不在板位更明矣

陽若無陰定不成陰若無陽定不生陽水陰山相配合兒孫天府早登名

蔣氏曰此節幷下節尤爲全經傾囊倒篋之言而泛泛讀過則不覺其妙蓋舉平洋龍法穴法收山出煞八卦干支之理一以貫之矣孤陽不生獨陰不育此雖通論而大五行秘訣只此便了學者須在山水配合上著眼所謂配合自然配合非尋一箇陽以配陰尋一個陰以配陽也水即是陽山即是陰陰即是山陽即是水故只云陽水陰山而不更言陰水陽山知此者可與讀寶照經矣知此者亦不必更觀寶照經矣

直解 陰陽即來者爲陽往者爲陰之陰陽也陰山陽水者當用將來之氣挨入水中已往之氣裝在山上即爲陽水陰山此陰陽是氣運消長之陽陰非干支卦爻之陰陽又非左到右到之陰陽又非上元必須離水下元必須坎水之陰陽又非以來水爲陽去水爲陰之陰陽也參透此關方知生成配合之妙理矣水裡排龍水裏得陽山上得陰山上排龍山上得陽水裏得陰此謂之陽水陰山陰水陽山也上文所謂陽山

陽水者此也所謂山與水相對者此也所謂江南江北主客東西亦即此也○孤陽不生獨陰不長此天地生成至當不易之理也配合即陽水陰山陰山陽水交互相生來往皆春此眞配合也苟能如此自有天府登名之應

溫氏續解 陰山陽水之配合玄空向上排出生旺之氣要有水或低處山上排出生旺之氣要有山或高處此陰陽以來者爲陽即一運之坎一爲當旺坤二將來爲生往者爲陰一運之

離九退去爲衰。艮八去久爲死。雖非干支卦爻爲陰陽。玄空大五行數之陰陽。不能離干支卦爻之陰陽也。不過要從玄空流行之卦爻干支。非板位卦爻之陰陽也。水裡排龍。卽從向上排出之九氣。有水之處。得生旺爲陽。高山實地。得衰死爲陰。山上排龍。卽從坐山排出之九氣。高山實地之處。得生旺爲陽。有水低處。得衰死爲陰。所謂陽山陽水。山與水相對。乃玄空挨排之氣。卽洛書九數之往來也。

都天大卦總陰陽翫水觀山有主張能知山情與水意配合方可論陰陽

蔣氏曰急接上文都天大卦豈有他哉總不過陰陽而已眞陰眞陽只在山水上看而翫山觀水須胸中別自有主張此主張非泛泛主張乃乾坤眞消息所謂天心是也山情水意四字全經之竅妙今人孰不曰山水有情意而不知世人所謂情意非眞情意也識此情意則是陰陽便成配合靑囊萬卷盡在箇中於戲至矣

直解 主張即天心正運之主張山情水意是山水各得其宜之情意所言配合非尋一個陽以配陰尋一個陰以配陽也要山上排龍水裏排龍一九二八三七四六玄空會合也或一六二七三八四九山上水裡彼此生生動靜得宜雌雄配合此配合即是山情水意元空之配合知此則青囊天玉之機盡矣

溫氏續解 玩山觀水之主張即上文之陽水陰山玄空生旺衰死之氣山上水裏各得其宜

山情水意非陽水陰山各得其宜之情意要玄空五行之氣與形體五行相生比和山上水裏陰陽配合此爲眞情意也傳中爲此四字乃全經之竅妙誠哉竅妙也學者苟能潛心參考地裏之形理氣數無餘義矣然論形體山要豐滿圓淨水要之玄曲折山形不可破碎斜側水形不可硬直尖射此論形體吉凶之大畧也

都天寶照無人得逢山踏路尋龍脈前頭走到五里山遇著賓主相交接欲求富貴頃時來記取筠松眞

妙訣。

蔣氏曰、上文說到山情水意。都天大卦之理盡矣。此節又贊嘆而言。此都天寶照。不輕傳世。若有人能得。以此觀山翫水。一到山情水意賓主相交之處。用楊公訣法。扦之頃刻之間。造化在手。蓋一片熱腸。深望人之信從而發此嘆也。

〔直解〕上文所言情意。是山上水裏用法。得宜動靜。生生之情意。此言賓主。是相朝相顧。氣止水交。主賓相得之賓主。體用咸明。再參古今名墓再考其離合。正其是非。精益求精。斯可窮其變矣。

溫氏續解 五里山者。卽中五也。賓主山向也。玄空交接於中五。然後陰陽順逆顚倒挨排。山上水裡。各得其宜。體用悉合。楊公妙訣。欲求富貴。頃時可來。甚言其法之秘。而驗之速也。

天有三奇地六儀。天有九星地九宮。十二地支天干十。干屬陽兮支屬陰。時師專論這般訣。誤盡閻浮世上人。陰陽動靜如明得。配合生生妙處尋。

蔣氏曰。前篇贊嘆已足。終篇又引奇門以比論者。蓋奇門主地。從雒書來。與地理大卦同出一原。而時師用錯。所以不驗。惟有大五行。是奇門眞訣。欲知此訣。只在陰陽一動一靜之間。求其配合生生之妙。則在在有一陰陽。非干是陽而支是陰。如此板格而已。蓋動靜卽是山情水意。卽是城門一訣。卽是收山出煞用一卦法。所謂龍到頭者此也。所謂龍身出脈者此也。所謂龍空氣不空者此也。是名眞賓主。是名眞夫婦。是名眞雌雄。終篇又提出

此二字與上篇第三章動靜中間求一語首尾相應楊公之旨抑亦微之顯矣夫

姜氏曰中篇一十三節共一百四十六句皆申明上篇第三章以下未盡之義以終平洋龍穴之變

直解　上數句言奇門之法世人用差所以不驗末二句論陰陽動靜配合生生之妙陰陽非以山爲陰水爲陽又非以干爲陽支爲陰又非以四卦屬陽四卦屬陰又非以左水到右爲陽右水到左爲陰也動靜亦非以形動爲動形靜爲

靜也此所謂動靜者即天主動動以靜而生地主靜靜以動而成如明得天地陰陽動靜生成之奧再細細尋其生生配合之妙玄空之髓可造乎其極矣〇靜即地凡有形者皆靜為方為隅形象之謂也動者天也曰空曰氣曰健無形之謂也動者運行于上無一息之停萬物生生化化成形成象何莫不由天之動而始也成形成象即是靜即是動以靜而生靜以動而成也地惟靜其所以生萬物即是動動者皆天始之

也天不得地則無所以生地不得天則無所以成乾統坤地承天惟動故能統惟靜故能承也配合生生是言山上排龍水裡排龍陰陽動靜山上水裡有彼此生生來往皆春之情意也

溫氏續解　三奇六儀九星九宮乃奇門之法地理之道同出一源干陽支陰原非不是但干中有陰支中有陽若以板位論之雖奇儀星宮卦爻干支無所用之求福反禍時師專論板位卦爻干支之陰陽不知玄空流行卦爻干支之

陰陽誤盡世人矣如明得玄空之陰陽乃配合生生之妙理自然有處可尋配合即前章之陰山陽水之配合也

下篇

蔣氏曰上中二篇歷敘山龍平洋正變之旨自始至終有本有末文雖斷續而義則相蒙下篇所言不過前篇餘義而錯雜言之無有條貫每章各論一事文無承接義無照應淺者極淺深者極深學者分別觀之可也

尋得眞龍龍虎飛水城屈曲抱身歸前朝旗鼓馬相應下後離鄉著紫衣

蔣氏曰此節專指山龍而言眞龍之穴龍虎分飛非其病也眞龍行急龍虎之相隨亦急急則兩砂之末乘勢逆回有似分飛昔人指爲曜氣正眞龍靈氣發露之象也然情既向外則人事亦應之主子孫他方發達謂之離鄉砂也

直解 此節言眞龍氣勢行急之象恐人誤認爲曜氣故特指之

溫氏續解 此節專論山水二龍之形局。離鄉發達。山龍。玉髓經已詳。水法。水龍經亦備。

乙字水纏在穴前。下砂收鎖穴天然。當中九曲來朝穴。悠揚瀦蓄斗量錢。兩畔朝歸穴後歇。定然龍在水中蟠。若有聲爲數錢水。催官上馬御階前。

蔣氏曰、自此以下八節。皆平洋水局形體吉凶之辨。此節言曲水纏身之格。歇在穴後。正前篇所謂後龍。空坐。正穴也。數錢水。假借爲義。俗而巧。

直解 此節專言平洋砂形水法之至美者也、

溫氏續解　此節論水法要灣環曲折。兜抱穴後。為水局後空坐正穴之吉格也。

安墳最要看中陽。寬抱明堂水聚囊。出夾結成玄字樣。朝來鸞鳳舞呈祥。外陽趕眼人皆見。乙字彎身玉帶長。更有內陽坐穴法。神機出處覓仙方。

蔣氏曰。此言堂氣形局之美。至于內陽坐穴法。正前篇所謂來龍正坐及城門一卦之訣也。非神機仙術。烏足以語此。

直解　中陽外陽內陽。即內堂外堂。玉帶乙字等語。總論形局砂水之至美者也。更有坐穴法句。總承上文龍空氣不空城門一卦之得與弗得。而申言之也。○不拘內堂外堂。水法總以止蓄團聚爲佳。水法團聚止蓄。遇迴自然相向有情。

溫氏續解

中陽內陽無論山水兩格。必要寬廣。不可逼窄。寬抱則堂氣舒暢。水聚穴前。更能之玄朝來。無巽鳳舞鸞翔乙字彎身。引歸穴後。卽內陽坐穴之法。城門一卦。得與勿得。亦卽此也。

水直朝來最不祥。一條直是一條鎗。兩條名爲揷脅水。三條云是三刑傷。四水射來爲四殺。八水名爲八殺殃。直來反去拖刀殺。徒流客死少年亡。時師只說下砂逆。禍來極速怎堪當。墈塍圳路街如此樣。亟宜遷改免災殃。

蔣氏曰。此節極言直來凶格。蓋水神最忌木火。以其有殺氣。無元氣也。縱屬來朝。亦有損無益。況諸路交馳。漏風沖泄乎。旺元猶可。衰運無噍類矣。

直解　此節、專言直水之凶。沖射者、更凶。路街田塋。衝射者亦忌。有則改之。以免災殃。

溫氏續解 此節極論水法直硬尖射等各種凶格。遇此形局。切勿下穴。雖旺元亦不免凶也。愼之。

前水來朝叉擺頭。淫邪凶惡不知羞。乾流自是名繩索。自縊因公敗可憂。

蔣氏曰此曲水內格。水神雖以曲爲吉。然曲處須節節整齊。乃合星格。若擺頭斜去。及如繩索樣。或大或小。或疎或密。或正或欹。皆似吉而凶。縱然發福。必有破敗。

直解 穴前水形似曲非曲。似直非直者。謂之擺頭。似是而非。最易誤認。故特指之。水形如此。不拘左右前後。二宅均忌。

溫氏續解 擺頭水者。形如曲水。其實闊狹不勻。歪斜倚側。似曲非曲。眞情蕩佚。淫邪不免。遇此切勿悞認爲曲水之吉也。

左邊水反長房死。右邊水射小兒亡。水直若然當面射。中子離鄉死道傍。東西南北水射腰。房房橫死絕根苗。貪淫男女風聲惡。曲背駝腰家寂寥。
左邊水反長房死。離鄉忤逆皆因此。右邊水反小兒
傷。風吹婦女隨人走。當面水反中男當。斷定二房有
損傷。左右中反房房絕。切忌墳塋遭此劫。

蔣氏曰、以上數節。雖義淺而辭鄙。然其應甚速以
其切于用也。故存之。惟公位之分。不可盡拘耳。

【直解】天玉青囊都天寶照。或言體。或言用。或兼
體用而言。千言萬語。不外趨避兩字。此兩節專
指砂形水法。衝射反跳而言。如諸般凶山惡水。

即合用法。切不可因其合用而取之也。

溫氏續解 形體凶惡不吉之格。雖玄空當元當令。合時合吉。山水各得。亦不可用也。

一水裏頭名斷城。下之雖發未為榮。兒孫久後房房絕。水到砂收反主興。

蔣氏曰、平洋穴取近水。三方皆可逼窄。唯穴前明堂。須寬容不迫。展舒穴氣。若一水裏頭穴無餘氣。雖環抱亦不發。若面前另有一枝水到。則又以接水呈秀。其逼窄之氣。有所發洩。反不為凶爾。

直解 形雖環抱。狹而帶淺。左右前後。毫無闊狹生動之意。名曰斷城。又名裏頭。裏頭之水。穴前陽氣不舒。最易敗絕。似吉非吉。故特辨之。

溫氏續解 裏頭之水。時師以爲凴抱可取。不知穴前凴抱之水太逼。且無生動。餘氣斬絕。久後必絕。若穴前有曲水相接。卽能舒展穴氣。呈秀於前。反凶爲吉矣。

茶槽之水。實堪憂。莫作蔭龍一例求。穴前太偪割唇脚。不見榮兮反見愁。

蔣氏曰、穴前池塘水聚天心名蔭龍水本為吉局若硬直深坑形似茶槽既非佳格或明堂寬曠猶未見凶更加急葬穴氣太偪則有凶無吉矣同一穴前池水形局軟硬立穴緩急其應不同不可不深辨也

直解 直硬深坑毫無動意謂之茶槽止蓄團聚照穴有情謂之應龍茶槽宜遠遠則不割應龍宜近近則得神切不可誤認而遠近錯用也

溫氏續解 茶槽言穴前池塘不通大河活水

形體硬直毫無生動若立穴稍遠冲容不逼可不爲凶若立穴逼近宛似裹頭猶之劄脚其凶立見總之穴前池塘之水要須圓淨澄清照穴有情立穴苟能不急不緩遠近得宜無不吉也

玄武擺頭有多般未可慳然執一端或斜或側或正出須憑直節對堂安擺頭直出是分龍須取何家龍脉蹤大山出脈分三訣未許專將一路窮

蔣氏曰玄武水來本合後空活龍之格宜爲正坐之穴矣然亦須詳其來法以辨純雜定吉凶未可

執一也蓋水有偏出正出不同惟直節對堂安乃是眞玄武水若擺頭曲來而又直出前去一曲一直之間龍脈不一是謂分龍不必分兩道而後謂之分龍也須察其曲來是何脉直去是何脈細細推詳而后可定其何家跡蹤以便下卦若是水大則不止一宮之氣正坐是一脉偏左又是一脉偏右又是一脉故云分三訣也論坐後之脉精詳曲當搜剔無遺乃至于此可謂明察秋毫者耶

直解 擺頭言水似曲非曲之狀玄武指穴後穴

後之水。或曲或直。或向或背。情狀不一。難於盡舉。只要與穴前一般排算。故曰對堂安也。

溫氏續解　此節非獨指水法之形局而言。玄武乃穴後之謂。坐水騎龍也。擺頭是曲直粗細闊狹。均不合格之形體。若有分流。須認定龍來何脉之踪跡。大山出脉分三訣。言水局瀰漫闊大。卦氣不能收清。應收何路之脈。玄空理氣與穴前一般排算。穴前卽向也。

家家墳宅後高懸。太陽不照太陰偏。必主其家多寂

寡男孤女寡實堪憐

蔣氏曰此即後空之義因世人都喜後高故復叮嚀如此人但知後高爲有坐托不知其掩蔽陽光而偏照陰氣生機斬絕人口伶仃故有孤寡之應也可不戒與予觀人家穴後有挑築兩三重照山以補後托未有不大損人丁甚至敗絕無後者利害攸關特爲指出此節單言平洋格法若是山龍之穴又以後高爲太陽正照而吉後空爲太陽失陷而凶讀者莫錯會也

姜氏曰、以上九節首節言山龍後八節言平洋皆形局也。

直解 要在未立向以前必先按其山向排其五行當空則空當實則實所謂龍空氣不空龍實氣不實即此意也高一寸爲山低一寸爲水高者當作山用低者宜作水論倘上山下水顛倒悞用則有寡夭之患矣○大凡山龍平崗及墩泡高埠以地氣爲主者穴後宜高水龍平洋及一切湖蕩圩邊凡以水氣爲主者穴後宜空切

不可拘定後空爲是後高爲非只要後空得後空之用法後高得後高之用法總要隨地適宜高低各得不必拘拘於後空後實也

溫氏續解 山龍以後高爲是平洋以後空爲合山龍後空爲太陽落陷平洋後實爲太陰正照久後不免損傷人丁若玄空五行山水旺衰與時相合稍有補救若用違其時顛倒誤用男孤女寡實堪憐矣

貪武輔弼巨門龍方可登山細認踪水去山朝皆有

地不離五吉在其中

蔣氏曰此節及下文九星皆指形局而言蓋見其星體合吉方登山而定其方位若形局方位皆吉即水去亦吉今人動云第一莫下去水地謬矣

【直解】此節專辨峯巒形局五星九星正體變體形象之吉凶山形氣勢星體巒頭既吉方登山細認乃尋龍之要訣便而捷且省登山涉水之勞矣所云五吉是兼貪兼輔之五吉謂形局都合再查水之去處果合補救出殺之妙用則來

亦吉去亦吉矣。

此論星體吉。而再合玄空兼貪兼

溫氏續解 輔之妙用。方可登山認蹤矣。

破祿廉文凶惡龍。世人墳宅莫相逢。若然誤作陰陽宅。縱有奇峯到底凶。

蔣氏曰、此二節專言平洋九星水法。

直解 此四龍形象之最惡者。山龍平洋俱忌。倘然悮作。縱有奇峯。不能爲福也。○水法九星。曲者爲水。直者爲木。方正者爲土。環抱者爲金。直

而尖者爲火總而言之抱繞止蓄向穴有情者爲吉反背無情者爲凶如破軍祿存廉貞文曲諸般星體不論山龍平洋二宅均忌

溫氏續解　此言山龍之破碎歪斜平洋之斜飛尖射再爲凶格玄空五行雖能合法終久必凶體用不可偏廢也

本山來龍立本向返吟伏吟禍難當自縊離鄉蛇虎害作賊充軍上法場明得三星五吉向轉禍爲祥大吉昌

蔣氏曰本山本向非子龍子向丑龍丑向倒騎龍之謂也蓋指八卦納甲而言山龍有納甲本卦向法皆淨陰淨陽其在平洋向法反不拘淨陰淨陽而以本卦納甲干支位位作返吟伏吟凶不可當三星與五吉不同三星言龍體五吉言卦氣消詳龍體卦氣之中卽有天然向法可不犯本宮而災變爲祥矣

直解本山本向者本元之旺氣到山也本元之旺氣到山卽是反吟伏吟三星謂金水土三星

五吉謂天元取輔人地兼貪之五吉果得三星五吉即能轉禍爲祥矣細按前後兩個向字反吟伏吟由向而起五吉亦由向而起由此觀之地之吉凶其權在向也明矣其權在五吉也更明矣苟曉五吉三星之妙理山水分用之要訣方知在山謂本山在水即爲十道用得爲三吉用失即是反吟在水謂三吉在山便是本山數語當細細揣之自得五吉三星補救直達之妙用矣

溫氏續解 本山本向者如一運之立壬山丙向以一入中須排玄空到丙是五屬陽再以五入中順排到壬是一豈非當元之旺氣應要排到水裏今反排在山上壬屬坎而玄空之旺氣亦是坎返吟伏吟之訣明矣此指排向而言若坐山排龍本元之旺氣到山則非返吟之謂如果水局有金圓水曲土方之吉格玄空五行有兼貪兼輔補救即可轉凶爲吉若向上排龍令星按在水裡或水口三叉之城門又謂十道也

龍眞穴正誤立向。陰陽差錯悔吝生。幾爲犇走赴朝廷。纔到朝廷帝怒。形緣師不曉龍何向。墳頭下了剝官星。

蔣氏曰、此言龍穴雖眞。而誤立本宮之向。陰陽不和。至于剝官也。蓋地理雖以龍穴爲重。發與不發。專由龍穴而立向。坐宮又穴中迎神引氣之主宰。此處不淸潔。如玉之瑕。不成美器矣。致廣大而盡精微。又何可不詳審也耶。此所謂向。非以山向五行起長生爲消納也。亦非小玄空生出尅出生入

尅入之說學者慎之

姜氏曰以上四節皆言平洋理氣之用

直解 龍既眞穴既的誤立本宮陰陽差錯之向自有剋官之患此剋官即上節所言本山本向反吟伏吟之故也非俗註所謂王向之剋官又非流破官旺之剋官所謂剋官者正是上山下水顛倒誤用官星受尅之剋官也

溫氏續解 龍與穴固吉矣若誤立陰陽差錯上山下水顛倒誤用之向則悔吝生焉剋官星

者猶官之正可赴任而忽丁艱信到。總之吉中
有凶。成之有失也。
尋龍過氣尋三節。父母宗枝要分別。孟山須要孟山
連。仲山須要仲山接。干奇支耦細推詳。節節照定何
脈長。若是陽差與陰錯。縱吉星辰發不長。一節吉龍
一代發。如逢雜亂便參商。
蔣氏曰、此等卦理。中上二篇。論之已詳。反覆叮嚀。
致其深切之意。又指明發福世代久暫之應。全在
龍脈節數長短。故父母宗支要分別也。

直解三節即格龍三節不亂之意父母宗枝是來龍來脉過峽起頂之宗枝分別過峽起頂屬何卦之宗枝則知來龍來脉之合不合矣孟山仲山即子字出脈子字尋之意看准何干來脈何干入首細細從來龍來脉上看到立穴處干與支體與用一絲不亂方謂之艮如有一毫差錯則吉中有凶不成美器矣可不加意細察乎是節辨純雜定吉凶看節數定久暫乃方位理氣之最要者也故又叮嚀之耳

溫氏續解　孟山卽寅申巳亥仲山卽子午卯酉來龍來脈雖山之生蛇出洞水之曲折之玄到入穴處節節要不襍孟山之來龍不可夾襍仲季惟到頭一節更其鄭重干奇卽寅申巳亥配乙辛丁癸支耦乾坤艮巽配子午卯酉也細推干支俱要歸或孟或仲或季之一氣如稍不清星辰雖吉發不長久若逢雜亂參商可必

先識龍脈認祖宗蜂腰鶴膝是眞蹤要知吉地行龍止兩水相交夾一龍夫婦同行脈路明須認劉郎別

處尋平洋大水收小水不用砂關發福久水口石似人物形定出擎天調鼎臣

蔣氏曰此節兼論山龍平洋言山龍眞脉則取蜂腰鶴膝爲過峽而平洋則不然只取兩水相交爲來龍行脈不在過峽上看脈也但須脉上推求識干支純雜夫婦配合之理如此宮不合又當別求一宮不可牽强誤下故云劉郎別處尋且山龍取砂爲關而平洋不用砂關只要大水行龍收入小水結穴有此小水引動龍神千流萬脈其精液皆

注歸小水以蔭穴氣此平洋下穴秘旨一語道破
混沌之竅鑿矣觀此則知所謂兩水相交非謂左
右兩水會穴前而龍從中出謂之行龍也正謂大
水與小水相交之處乃眞龍之行眞穴之止也旣
有此小水收盡源頭又何用砂水之爲我用與否
豈砂之攔阻能強之者耶人且不可強而況于水
若水口捍門此山龍大地雄峙一方之勢蓋將山
比擬楊公秘愼之旨互文隱意雖若竝陳大旨偏
重平洋而以山龍相映發以辨其不同途爾貴學

者言外會心若不知剖析而視爲一合之說將雜亂而無緒矣

【直解】束細者爲蜂腰收而略放者爲鶴膝此皆象形也衆水去處爲水口又爲去口內有員結水口必有大石當衆水之衝關攔水口其石如琴劍印尺龜蛇牛馬之形者定出擎天調鼎之臣如蘇郡之范墳水中有靈石俗呼曰魁星石又宜興忠烈盧公之祖墳水口有大石一塊廣闊數丈形方如印正當衆水之口忠烈亦是明

季一代之人物。正是擎天之應驗也。

溫氏續解　山龍之縱放收束。即是蜂腰鶴膝之情狀。平洋之兩水相交。即大水收入小水。不用砂之關鎖也。夫婦同行者。無論山龍水龍出脉之處。須要兼干兼支。陰陽一氣。即子癸爲吉。壬子凶之意。雖出脈同在一卦。子癸一氣屬陰。而壬子則陰陽夾雜。玄空五行排算。亦順逆不同。故云須認劉郎別處，尋也。范盧兩墳皆在兩澗交會之處。有奇石鎮塞水口。所以有擎天鼎臣之應。山龍之大格可証。平洋之奇局亦有之。
龍若直來不帶關。支兼干出是福山立得吉向無差
誤。催祿催官指日間。
蔣氏曰。此亦上下二篇所已詳。蓋以四正爲例。而
其餘自在言外。非位位取地支也。
【直解】此節言山水二龍。形雖帶直。只要不帶欹
斜反跳。僵直死硬。種種關殺。用得安妥。亦能發
福。不可因其形直而棄之也。
【溫氏續解】山水二龍之來脉雖直。似欠生動。

苟能子癸一氣出脈不襍於壬或不出卦乃一卦淸淨卽爲福山若再立向能乘生旺自然吉矣支兼干出已在言外午丁卯乙酉辛均是支兼干出也餘卦倣此

乾坤艮巽脈過四節節同行不混淆向對甲庚壬丙水兒孫列土更分茅仲山過脉不帶關三節山水同到前斷定三代出官貴古人準驗無虛言

蔣氏曰此則單言四隅龍格反取干神並不言及辰戌丑未則其非專重地支可知矣脉是內氣而

向對之水是外氣兩不相妨也楊公辨龍審卦之妙口口說重地支而本旨實非重地支世人被他瞞過多矣豈知一隻眼逗漏于此節學者其毋忽哉

直解 上節言直來不帶關殺則易此節言屈曲而求其不雜則難果能去來屈曲節節整齊夫婦同行不偏不倚一絲不亂更兼山水純一體用一氣自有列土分茅之貴矣過脈節數等語總言世代久暫之應驗也

溫氏續解 脉過凹。謂來龍之曲折。即前註乾坤艮巽御街水也。來龍來脉。苟能節節同行。不出他元之卦。毫不混雜。自有列土分茅之應。甲庚壬丙。雖不在乾坤艮巽卦內。而立向收水。正以天干為重。山水苟能三節同到。干支不雜。可發三代。亦即一節一代福之意也。玄空五行。非專重地支。而天干亦並重。一體也。

發龍多向支神取。若是干神又不同。支若載干為夫婦。干若帶支是鬼龍。子癸為吉壬子凶。三字眞假在其中乾坤艮巽天然穴水來當面是眞龍要識眞龍結眞穴只在龍脉兩三節三節不亂是眞龍有穴定然奇妙絕千金難買此玄文福緣遇者毋輕洩依圖立向不差分榮華富貴無休歇時師不明勉強扦雖發不久卽敗絕

蔣氏曰發龍多取支神此乃用支之卦也干神不曰無取而乃曰若是干神又不同明明有用干之時而特與用支者不同爾干帶支爲鬼龍只就子癸壬子一宮爲例其眞其假三字之中逈然差別

何以乾坤艮巽獨名天然穴蓋直以乾坤艮巽爲龍不更轉尋名相故曰天然若他龍則干支卦位非一名矣水來當面是眞龍此語石破天驚鬼當夜哭蓋乾坤艮巽之穴又與取支惡干者不同觀此則寶照之訣實非單重支神洞然明白矣至於格龍之法止要兩三節不差錯則卦氣已全不必更多求于四五節之外恐人拘泥太過遇著好龍當面錯過所以發此非楊公遷就之說也但此兩三節定要清純若到頭節數畧有勉强不能無誤

又戒作者須其難其慎也

直解　四正之龍支神爲主四隅之龍干神爲主正與維干與支妙在用支之卦則用支用干之卦則用干在用支之時則用支在用干之時則用干貴在各得其用耳惟乾坤艮巽又與用干用支者有巽只求水來當面便是眞龍是非專重地支可知矣自三節不亂以下皆格龍之法也

溫氏續解　支若載干卽子癸爲吉干若帶支

即壬子爲凶。曲折之玄水。當面朝來。純在乾坤艮巽。不雜左右地支爻神。豈非天然穴哉。再兼三節不雜。穴之奇妙可知也。時師不明此中奇妙。而下陰陽夾雜之向。形局雖之玄曲折。不久即敗矣。用干用支。無所偏重。各乘其時耳。

一個星辰一節龍。龍來長短定枯榮。孟仲季山無雜亂。數產人龍上九重。節數多時富貴久。一代風光一節龍。

蔣氏曰、此亦論平洋龍神節數。以定世代近遠之應。總在行度之純雜上斷也。

姜氏曰、以上六節。皆言平洋大五行之法。蓋中上二篇所已明。而反覆互見者也。

【直解】水法、一曲一折、便爲一節、凡曲曲動處、水之情形總以相向抱穴有情者爲佳、如龍來長短、正謂愈曲而愈妙也、曲多、則易于夾襍、如果曲曲折折、或孟或仲均歸一路者、大貴之地也、世代久暫之應、都在曲折純雜向背上占驗也、

【溫氏續解】龍來長短曲折。一節一個星辰。二

曲二節星辰。曲曲折折之中。須要孟仲季不雜。如子字來龍。曲折要不出午卯酉。天元一卦之內。如丑字來龍。要不出辰戌未。地元一卦之內。如寅字來龍。要不出申巳亥。人元一卦之內。曲折雖多。或孟或仲或季。均歸一路淨而不襍貴格大地必矣。若曲折數節。不出一卦一宮。氣局雖非大格。乃一卦清淨不雜。亦秀貴悠久之地。一卦一宮。指壬子癸一卦一宮而言。餘宮倣此。

地理合璧卷四終

周同纘子緒
王銓濟巨川　校字
沈爾晟景陽